KB247819

All new 개정판
Bunka
文化
日本語 1

머 리 말

『All new 개정판 文化日本語❶·❷·❸·❹』는 처음으로 일본어를 배우는 사람들을 위한 교재로, 1987년(한국판 1998년)에 출판된 『문화일본어1·2』그 개정판『SHIN Bunka Japanese 1·2』『New Bunka NIHONGO 입문회화1·2 / 초급회화1·2』의 특장점을 살리면서 보다 효과적이고 재미있게 일본어를 학습할 수 있도록 작성했습니다.

이 교재가 목표로 하고 있는 것은 학습자가 일상 생활 속에서 자신이 말하고 싶은 것을 상대에게 전하거나 상대가 전하려는 것을 이해하는 힘을 키우는 것입니다. 작성에 앞서 초급 학습자에게 있어 필요한 일본어는 무엇인지를 염두에 두고, 학습항목을 다시 선정하고 그 제출순서를 재검토했습니다. 또한, 학습한 일본어를 실제 생활 속에서 사용할 수 있게 되는 것을 목표로 하여, 본문, 문형의 예문, 연습을 작성했습니다. 더욱이 본문에 대해서는 일본어를 배우는 유학생이 교실에서 일본 사회로 활동 범위를 넓혀간다는 스토리 전개 속에서 일본에서 생활하는데 있어서 필요한 지식도 즐겁게 배울 수 있도록 고안했습니다.

본 책의 출판에 있어서 학교 내외에서 많은 분들로부터 도움을 받았습니다. 특히 시험판을 사용해 주신 선생님 및 학생 여러분에게 이 자리를 빌어서 깊이 감사 드립니다. 앞으로 많은 분들이 이 교재를 사용해 주시고 의견을 주시면 감사하겠습니다.

2013년 8월

国　頭　美　紀
白　岩　麻　奈
八　田　浩　野
平　川　奈津子
広　田　周　子

1. 대상자와 목표

이 교재는 장래 일본 대학이나 전문학교 등에 진학을 희망하고 처음 일본어를 배우는 학습자를 대상으로 하여 만들었습니다. 진학을 희망하는 학습자의 경우, 초급 일본어학습에서는 장래에 고등교육을 받을 때에 필요한 응용력을 쌓기 위한 기초실력을 쌓는 것이 요구됩니다. 그렇기 때문에 작성에 있어서 문법을 정확하게 이해하는 힘, 상대가 말하려는 것을 이해하는 힘, 자신이 말하고 싶은 것을 적극적으로 표현하는 힘을 익히는 것을 목표로 하고 있습니다.

2. 특징

이 교재는 매개어를 사용하지 않기 때문에 새롭게 학습하는 문형이 쓰이는 장면이나 상황의 이해에 도움이 되도록 일러스트를 많이 게재했습니다.

각 과의 본문에서는 학습자가 일본에서 생활하는 가운데 조우할 수 있는 장면을 골라서, 학습자에게 친밀한 내용으로 스토리를 구성했습니다. 각 문형을 이해하기 위한 예문은 실제 발화로 이어지도록 자연스러운 회화나 문장을 제시했습니다. 또한, 연습은 문형의 정착을 목표로 한 대입연습에 추가하여 학습자가 자신의 이야기를 하는 연습도 담았습니다.

3. 구성

각 과는  本文　文型　練習　言葉 로 구성되어있습니다.

· **本文**

본문은 학습자와 관련된 장면을 골라 그 안에서 문형을 제시한 것입니다. 주로 회화문이지만 작문이나 일기 등도 있습니다. 본문의 취급방법은 과에 따라 다르지만 모델회화나 모델작문으로 다루는 것을 의도한 것이나 이해중심의 것도 있습니다.

· **文型**

그 과에서 학습한 신출문형을 제시하여 실제 회화로 이어지도록 예문을 든 것입니다. 새로운 활용 등은 필요에 따라 활용표나 표로 나타내고 있습니다.

· **練習**

문형의 의미나 사용법 확인으로서 대입연습과 그 응용으로서 「☆友達と話しましょう」,더욱이 「友達と話そう」 (『All new 개정판 文化日本語❸·❹』) 가 있습니다. 학습자가 문형의 의미를 충분히 이해하고, 자신의 표현으로 정착시키는 것, 또한 클래스 메이드의 이야기를 흥미를 갖고 듣고 서로 이해하는 것도 목표로 하고 있습니다.

· チャレンジ 는 본문이나 문형과 관련된 발전성 있는 활동으로 운용력을 높이는 것을 목표로 하고 있습니다.

· 그 외

제 11, 12, 16, 19과에는 그 과의 테마와 관련 있는 어휘를 모아놓은 ことば 페이지가 있습니다. 필요에 따라 학습자에게 소개해 주세요.

제 21, 24, 28과에는 이미 배운 문형을 정리하여 다른 점을 확인할 수 있도록 参考 페이지를 만들었습니다.

4. 그 외

· 50음 색인

각 과의 신출어의 일람입니다. 50음순으로 정리하여 처음 나온 과를 적었습니다.

· 한자

기본적으로 상용한자를 사용하고 있습니다. 히라가나가 사용되는 경우가 많은 어구에 관해서는 히라가나로 표기하였습니다. 또한, 학습자의 부담을 덜기 위해 한자에 후리가나를 달았습니다.

· 부속 CD

부속 CD로 본문의 음성을 들을 수 있습니다(제 17과 本文1 제외). CD플레이어, 컴퓨터, 디지털 오디오기기 등에서 재생 가능합니다. MP3 형식의 사용법에 대해서는 http://book.japansisa.com/faq_1.asp 를 참고해 주세요.

· 관련 출판물

『All new 개정판 文化日本語 WORK BOOK ❶·❷』

이 색인은『All new 개정판 文化日本語❶』의 각 과에서 신출어로서 다루어진 어구를 50음순으로 나열한 것입니다.

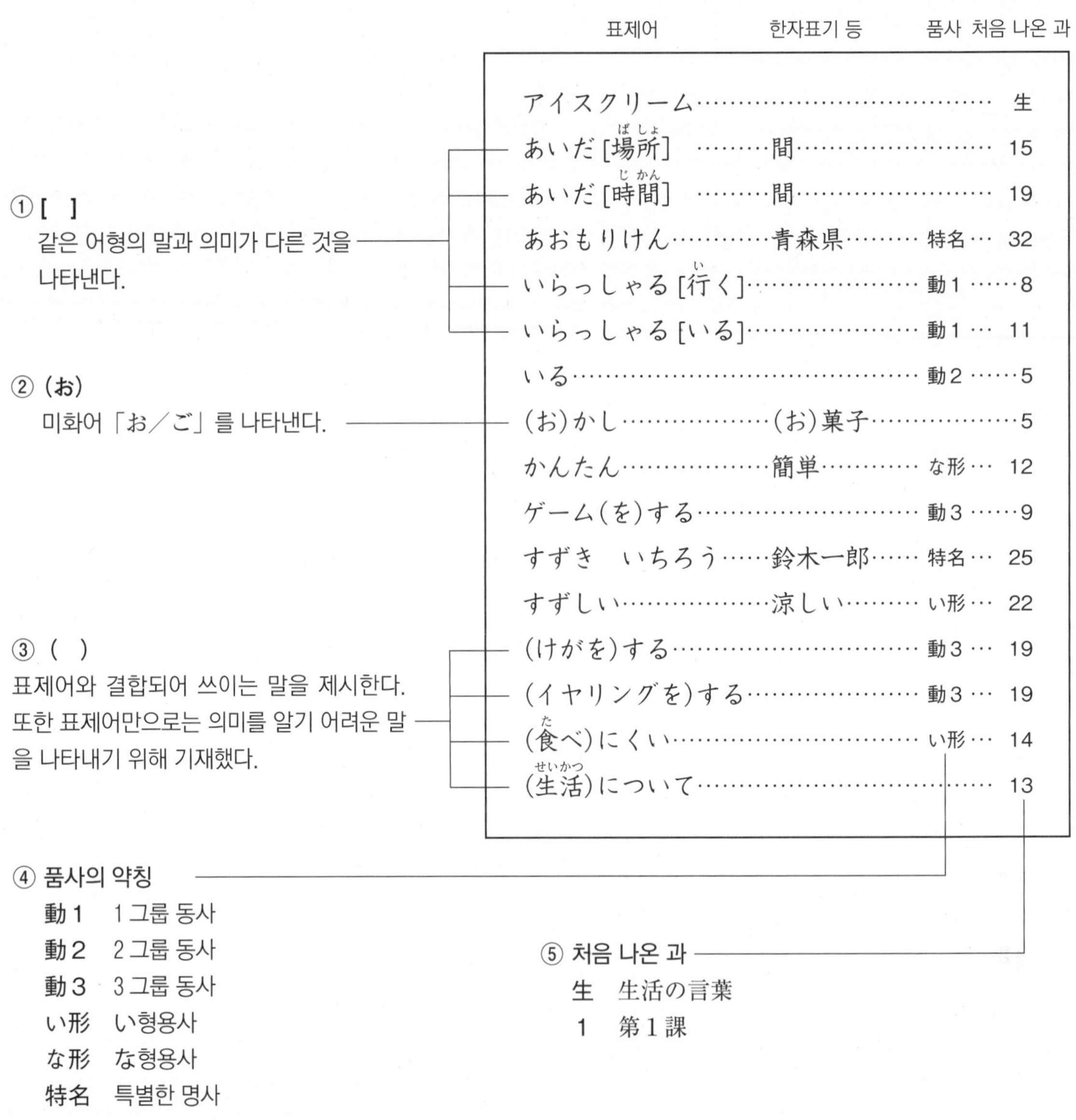

① [ ]
  같은 어형의 말과 의미가 다른 것을
  나타낸다.

② (お)
  미화어「お／ご」를 나타낸다.

③ ( )
표제어와 결합되어 쓰이는 말을 제시한다.
또한 표제어만으로는 의미를 알기 어려운 말
을 나타내기 위해 기재했다.

④ 품사의 약칭
  動1　1그룹 동사
  動2　2그룹 동사
  動3　3그룹 동사
  い形　い형용사
  な形　な형용사
  特名　특별한 명사
  공란　그 외 , 명사나 부사 등

⑤ 처음 나온 과
  生　生活の言葉
  1　第1課

목차

1

教室の言葉
生活の言葉

日本語学校の 留学生

ラフル・チャダ
（インド）
＊チンと同じ学生会館

チン・コウリョウ
（台湾）
＊ラフルと同じ学生会館

マリー・マルタン
（カナダ）

ワン・シューミン
（シンガポール）

リー・ミン
（中国）

キム・ヨンス
（韓国）

アルン・アマラポーン
（タイの留学生）
＊ワンの友達

萩原先生

西田先生

＊日本語学校の先生

佐藤 武
（会社員）

吉田 良子
（大学生）

原 京子
（音楽大学の学生）
＊吉田良子の友達
＊ワンと同じ学生会館

鈴木 一郎
（会社員）

鈴木 幸子
（会社員）

鈴木 健志
＊一郎と幸子の子供

鈴木 伸
＊一郎と幸子の子供

あ a	い i	う u	え e	お o
か ka	き ki	く ku	け ke	こ ko
さ sa	し shi	す su	せ se	そ so
た ta	ち chi	つ tsu	て te	と to
な na	に ni	ぬ nu	ね ne	の no
は ha	ひ hi	ふ fu	へ he	ほ ho
ま ma	み mi	む mu	め me	も mo
や ya		ゆ yu		よ yo
ら ra	り ri	る ru	れ re	ろ ro
わ wa				を o
				ん n/m

が ga	ぎ gi	ぐ gu	げ ge	ご go
ざ za	じ ji	ず zu	ぜ ze	ぞ zo
だ da	ぢ ji	づ zu	で de	ど do
ば ba	び bi	ぶ bu	べ be	ぼ bo
ぱ pa	ぴ pi	ぷ pu	ぺ pe	ぽ po

きゃ kya	きゅ kyu	きょ kyo
ぎゃ gya	ぎゅ gyu	ぎょ gyo
しゃ sha	しゅ shu	しょ sho
じゃ ja	じゅ ju	じょ jo
ちゃ cha	ちゅ chu	ちょ cho
にゃ nya	にゅ nyu	にょ nyo
ひゃ hya	ひゅ hyu	ひょ hyo
びゃ bya	びゅ byu	びょ byo
ぴゃ pya	ぴゅ pyu	ぴょ pyo
みゃ mya	みゅ myu	みょ myo
りゃ rya	りゅ ryu	りょ ryo

ア a	イ i	ウ u	エ e	オ o
カ ka	キ ki	ク ku	ケ ke	コ ko
サ sa	シ shi	ス su	セ se	ソ so
タ ta	チ chi	ツ tsu	テ te	ト to
ナ na	ニ ni	ヌ nu	ネ ne	ノ no
ハ ha	ヒ hi	フ fu	ヘ he	ホ ho
マ ma	ミ mi	ム mu	メ me	モ mo
ヤ ya		ユ yu		ヨ yo
ラ ra	リ ri	ル ru	レ re	ロ ro
ワ wa				ヲ o
				ン n/m

ガ ga	ギ gi	グ gu	ゲ ge	ゴ go
ザ za	ジ ji	ズ zu	ゼ ze	ゾ zo
ダ da	ヂ ji	ヅ zu	デ de	ド do
バ ba	ビ bi	ブ bu	ベ be	ボ bo
パ pa	ピ pi	プ pu	ペ pe	ポ po

キャ kya	キュ kyu	キョ kyo
ギャ gya	ギュ gyu	ギョ gyo
シャ sha	シュ shu	ショ sho
ジャ ja	ジュ ju	ジョ jo
チャ cha	チュ chu	チョ cho
ニャ nya	ニュ nyu	ニョ nyo
ヒャ hya	ヒュ hyu	ヒョ hyo
ビャ bya	ビュ byu	ビョ byo
ピャ pya	ピュ pyu	ピョ pyo
ミャ mya	ミュ myu	ミョ myo
リャ rya	リュ ryu	リョ ryo

・聞いてください。

・読んでください。

・見てください。

・書いてください。

・言ってください。

・もう一度言ってください。

・Ａ：見えますか。
　Ｂ：はい。

・Ａ：聞こえますか。
　Ｂ：いいえ。

1. あいさつ

CD- 04~

三鷹駅
おはようございます。
おはようございます。

こんにちは。
こんにちは。

こんばんは。
こんばんは。

さようなら。
さようなら。

① すみません。
② いいえ。

② ありがとうございます。
① どうぞ。
③ いいえ。

① どうぞ。
② 失礼します。
第3研究室
第3研究室

2. 数（かず）

0　ゼロ／れい

1　いち　　2　に　　3　さん　　4　よん／し　　5　ご

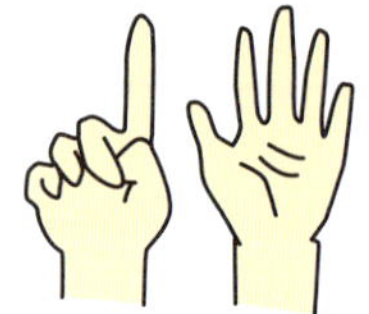　　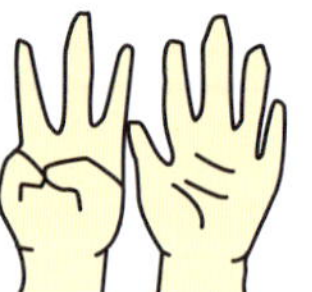　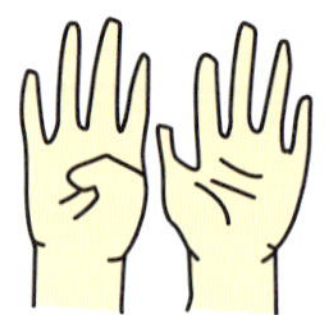　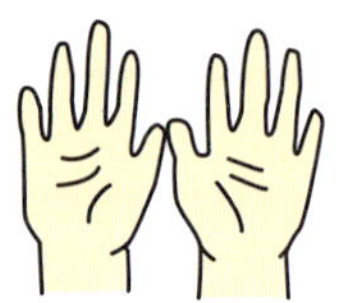

6　ろく　　7　なな／しち　　8　はち　　9　きゅう／く　　10　じゅう

11　じゅういち		20　　にじゅう	
12　じゅうに		30　　さんじゅう	
13　じゅうさん		40　　よんじゅう	
14　じゅうよん／じゅうし		50　　ごじゅう	
15　じゅうご		60　　ろくじゅう	
16　じゅうろく		70　　ななじゅう／しちじゅう	
17　じゅうなな／じゅうしち		80　　はちじゅう	
18　じゅうはち		90　　きゅうじゅう	
19　じゅうきゅう／じゅうく			

100	ひゃく	1,000	せん／いっせん
200	にひゃく	2,000	にせん
300	さんびゃく	3,000	さんぜん
400	よんひゃく	4,000	よんせん
500	ごひゃく	5,000	ごせん
600	ろっぴゃく	6,000	ろくせん
700	ななひゃく	7,000	ななせん
800	はっぴゃく	8,000	はっせん
900	きゅうひゃく	9,000	きゅうせん
		10,000	いちまん

参考

125			ひゃく		にじゅうご
3,562		さんぜん	ごひゃく	ろくじゅうに	
18,713	いちまん	はっせん	ななひゃく		じゅうさん

3. 買い物

A：ハンバーガーはいくらですか。
B：２００円です。
A：ハンバーガーとコーヒーを
　　ください。
B：はい。
A：いくらですか。
B：３５０円です。

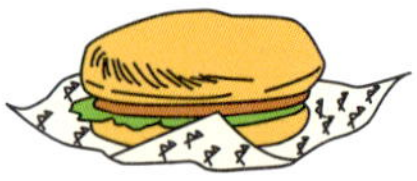

ハンバーガー 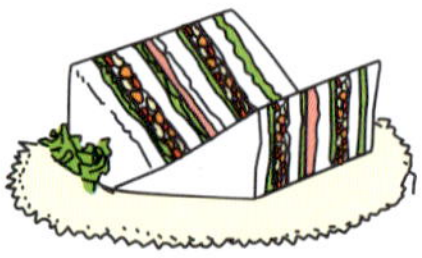　サンドイッチ 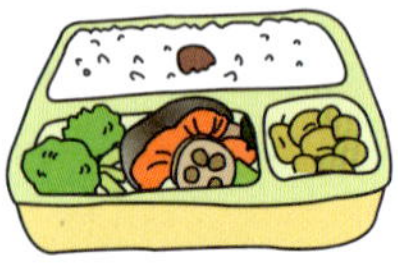　お弁当　アイスクリーム

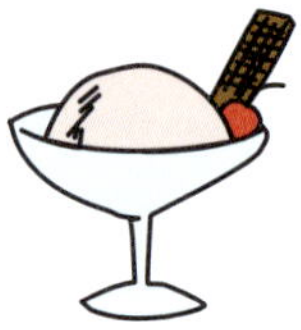

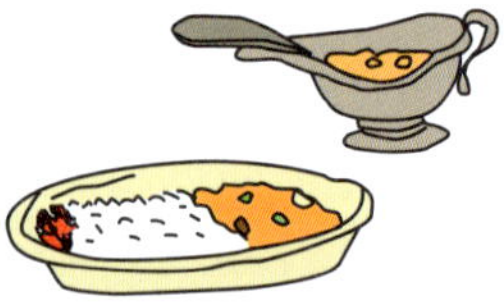

カレー 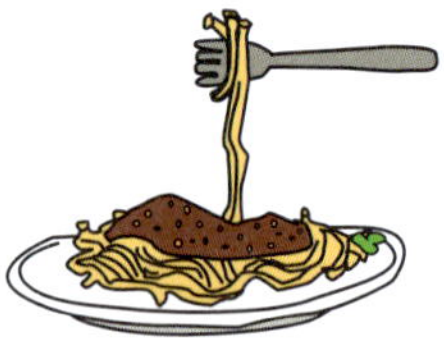　スパゲッティ 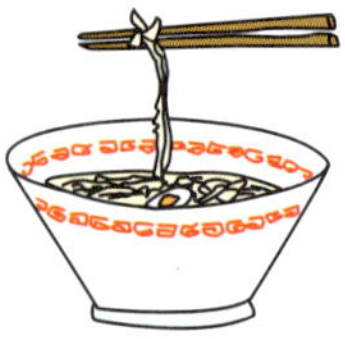　ラーメン 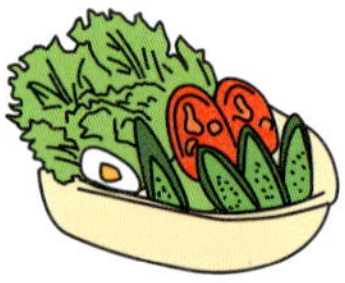　サラダ

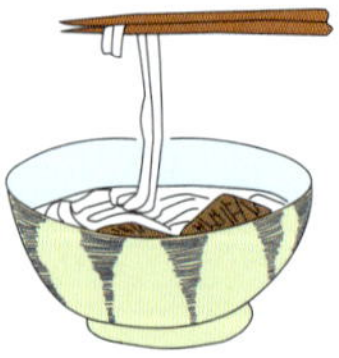

うどん 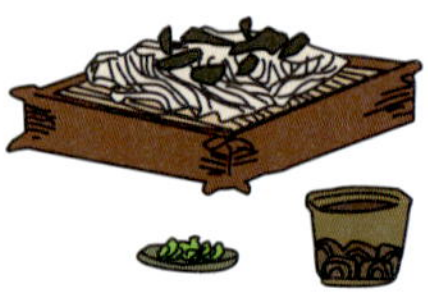　そば 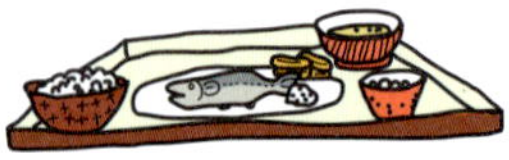　定食　コーヒー

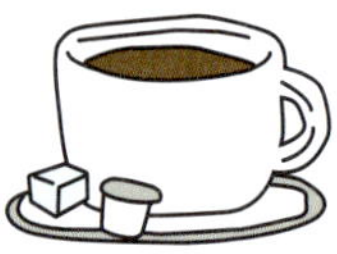

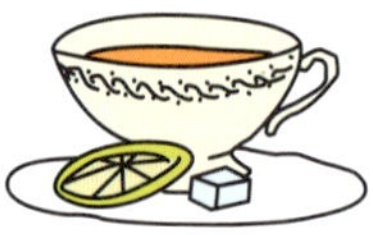

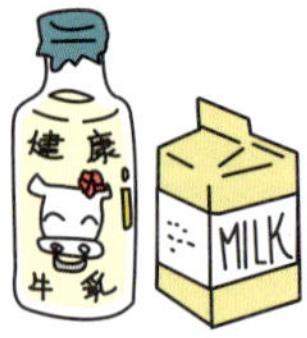

紅茶　牛乳(ミルク) 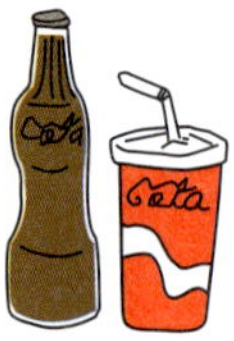　コーラ 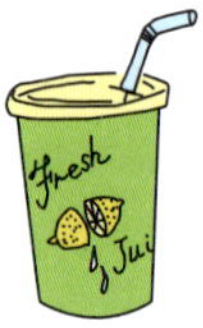　ジュース 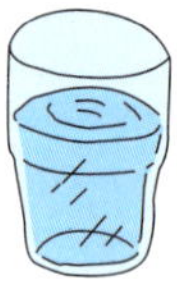　水

● 日本のお金

いちえん
1円

ごえん
5円

じゅうえん
10円

ごじゅうえん
50円

ひゃくえん
100円

ごひゃくえん
500円

せんえん
1,000円

ごせんえん
5,000円

いちまんえん
10,000円

いくらですか。

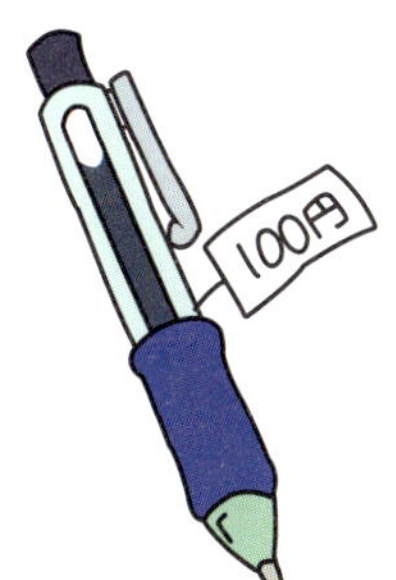

4. 時間／〜月／〜日／曜日

● 時間

A：すみません、今、何時ですか。
B：4時 4 5分です。
A：ありがとうございます。

いちじ	にじ	さんじ	よじ

ごじ	ろくじ	しちじ	はちじ

くじ

じゅうじ

じゅういちじ

じゅうにじ

はちじ　はん　　（何時　なんじ）

1:05　いちじ　　　　ごふん	1:10　いちじ　　じっぷん
1:15　いちじ　じゅうごふん	1:20　いちじ　にじっぷん
1:25　いちじ　にじゅうごふん	1:30　いちじ　さんじっぷん ／いちじ　はん
1:35　いちじ　さんじゅうごふん	1:40　いちじ　よんじっぷん
1:45　いちじ　よんじゅうごふん	1:50　いちじ　ごじっぷん
1:55　いちじ　ごじゅうごふん	

● ～月（がつ）

1月	いちがつ
2月	にがつ
3月	さんがつ
4月	しがつ
5月	ごがつ
6月	ろくがつ
7月	しちがつ
8月	はちがつ
9月	くがつ
10月	じゅうがつ
11月	じゅういちがつ
12月	じゅうにがつ
（何月	なんがつ）

いち がつ
1月

に がつ
2月

さん がつ
3月

し がつ
4月

ご がつ
5月

ろく がつ
6月

しち がつ
7月

は ち がつ
8月

く がつ
9月

じゅう がつ
10月

じゅういち がつ
11月

じゅう に がつ
12月

● 〜日（にち）

1日	ついたち	11日	じゅういちにち
2日	ふつか	14日	じゅうよっか
3日	みっか	19日	じゅうくにち
4日	よっか	20日	はつか
5日	いつか	24日	にじゅうよっか
6日	むいか	29日	にじゅうくにち
7日	なのか	（何日	なんにち）
8日	ようか		
9日	ここのか		
10日	とおか		

● 曜日（ようび）

月曜日	げつようび
火曜日	かようび
水曜日	すいようび
木曜日	もくようび
金曜日	きんようび
土曜日	どようび
日曜日	にちようび
（何曜日	なんようび）

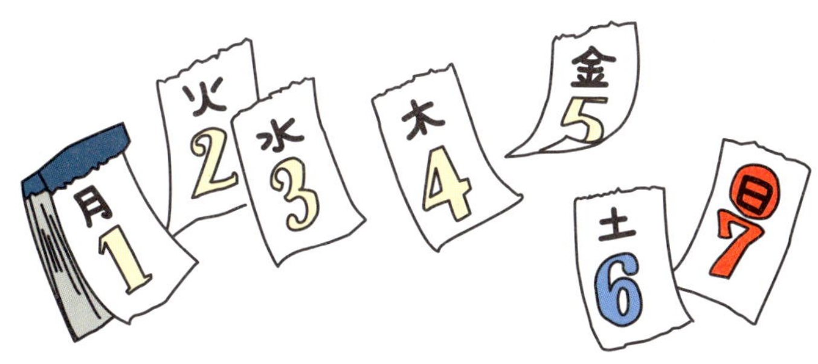

 CD- 22

□ ハ｀ンバーガー		햄버거
□ い｀くら		얼마, 어느 정도
□ (ひゃ｀く)えん	（１００)円	(100)엔
□ コ｀ーヒー		커피
□ サ｀ンドイ｀ッチ		샌드위치
□ べ｀んと｀う	(お)弁当	도시락
／お｀べんとう		
□ ア｀イスクリ｀ーム		아이스크림
□ カ｀レー		카레
□ ス｀パゲ｀ッティ		스파게티
□ ラ｀ーメン		라멘
□ サ｀ラダ		샐러드
□ う｀どん		우동
□ そ｀ば		메밀국수
□ て｀いしょく	定食	정식
□ こ｀うちゃ	紅茶	홍차
□ ぎゅ｀うにゅう	牛乳	우유
□ ミ｀ルク		우유
□ コ｀ーラ		콜라
□ ジュ｀ース		주스
□ み｀ず	水	물
□ い｀ま(、何時ですか。)	今	지금(몇 시입니까?)
□ な｀ん(時)	何	몇(시)
□ (い｀ち｀)じ	（１）時	(1)시
□ (ご｀)ふん	（５）分	(5)분
□ (い｀ちじ)は｀ん	（1時)半	(1시)반
□ (い｀ち)がつ｀	（１）月	(1)월
□ (じゅ｀ういち)にち｀	（１１）日	(11)일
□ げ｀つよ｀うび	月曜日	월요일
□ か｀ようび	火曜日	화요일
□ す｀いようび	水曜日	수요일
□ も｀くようび	木曜日	목요일
□ き｀んよ｀うび	金曜日	금요일
□ ど｀ようび	土曜日	토요일
□ に｀ちよ｀うび	日曜日	일요일

【いろいろな表現】

□ おはようございます。	안녕하세요.(아침인사)
□ こんにちは。	안녕하세요.(낮인사)
□ こんばんは。	안녕하세요.(밤인사)
□ さようなら。	안녕히 가세요.(안녕히 계세요.)
□ すみません。	죄송합니다.(미안합니다.)
□ いいえ。	아니오.
□ どうぞ。	아무쪼록, 부디
□ ありがとうございます。	감사합니다.
□ 失礼します。	실례합니다.
□ いくらですか。	얼마입니까?
□ (コーヒーを)ください。	(커피를)주세요.
□ すみません、(今、何時ですか。)	
	저기요, (지금, 몇시입니까?)

私はワン・シューミンです。

1　私はワン・シューミンです。　CD- 23~

（教室で）

ワン：はじめまして。私はワン・シューミンです。

　　　シンガポールから来ました。

ラフル：はじめまして。ラフルです。

　　　インドから来ました。

ワン：どうぞよろしくお願いします。

ラフル：よろしくお願いします。

1　私はワン・シューミンです。

1）私は留学生です。
2）原さんは大学生です。
3）佐藤さんは会社員です。
4）ハンバーガーは３００円です。

2 ワンさんは大学生ですか。

CD- 26~

(学生会館で)

原京子：はじめまして。原です。

ワン：私はワンです。

よろしくお願いします。

原：ワンさんは大学生ですか。

ワン：いいえ、日本語学校の学生です。

原：私は文化音楽大学の学生です。

よろしく。

2

A：ワンさんは学生ですか。

B：はい、学生です。

A：ワンさんは会社員ですか。

B：いいえ、学生です。

1）佐藤：吉田さんは学生ですか。

吉田：はい、学生です。

2）ラフル：アルンさんは会社員ですか。

ワン：いいえ、学生です。

3）佐藤：ラフルさんは学生ですか。

ラフル：はい、そうです。

文型

3　文化音楽大学の学生です。

1）山田さんは大学の先生です。
2）今日の昼ごはんはラーメンです。
3）学生：漢字の教科書はいくらですか。
　　先生：１，５００円です。

本文

3　休みはいつですか。

（教室で）

先生：授業は9時10分からです。

ワン：何時までですか。

先生：2時50分までです。

リー：昼休みは何時から何時までですか。

先生：１２時から１時までです。

ラフル：あのう、休みはいつですか。

先生：土曜日と日曜日です。

スケジュール	
1	9：10 ～ 10：00
2	10：10 ～ 11：00
3	11：10 ～ 12：00
昼休み	12：00 ～ 1：00
4	1：00 ～ 1：50
5	2：00 ～ 2：50

A：授業は何時<u>から</u>ですか。

B：9時10分<u>から</u>です。

A：何時<u>まで</u>ですか。

B：2時50分<u>まで</u>です。

1）A：銀行は何時からですか。

　　B：9時からです。

2）A：デパートは何時までですか。

　　B：8時までです。

3）午前の授業は9時10分から12時までです。

4）文化祭は11月2日から4日までです。

練習 a　絵を見て例のように言いましょう。 ……… 文型 4

例）銀行は9時から3時までです。

銀行／9：00〜3：00

1. デパート／10：00〜8：00

2. 食堂／11：00〜6：30

3. 郵便局／9：00〜5：00

4. 図書館／9：00〜7：00

5

A：休（やす）みは<u>いつ</u>ですか。

B：日曜日（にちようび）です。

1）A：誕生日（たんじょうび）はいつですか。
　　B：４月２９日（しがつにじゅうくにち）です。

2）ラフル：漢字（かんじ）の授業（じゅぎょう）はいつですか。
　　先生（せんせい）：水曜日（すいようび）です。

3）A：夏休（なつやす）みはいつからですか。
　　B：７月２６日（しちがつにじゅうろくにち）からです。

　　A：いつまでですか。
　　B：８月３１日（はちがつさんじゅういちにち）までです。

6

A：休（やす）みはいつですか。

B：土曜日（どようび）<u>と</u>日曜日（にちようび）です。

1）今日（きょう）の晩（ばん）ごはんはカレーとサラダです。

2）先生（せんせい）：テストは７月２１日（しちがつにじゅういちにち）と２２日（にじゅうににち）です。

3）ハンバーガーとコーラをください。

言葉 (ことば)

CD- 30

□ きょうしつ	教室	교실
□ わたし	私	나, 저
□ ワン・シューミン		완 슈민(인명)
□ シンガポール		싱가포르
□ くる	来る	오다
□ ラフル・チャダ		라훌 챠다(인명)
□ インド		인도
□ りゅうがくせい	留学生	유학생
□ はらきょうこ	原京子	하라 쿄코(인명)
□ (はら)さん	(原)さん	(하라)씨
□ だいがくせい	大学生	대학생
□ さとうたけし	佐藤武	사토 타케시(인명)
□ かいしゃいん	会社員	회사원
□ がくせいかいかん	学生会館	학생회관
□ にほんごがっこう	日本語学校	일본어학교
□ がくせい	学生	학생
□ ぶんか	文化	분카음악대학
おんがくだいがく	音楽大学	
□ よしだよしこ	吉田良子	
		요시다 요시코(인명)
□ アルン・アマラポーン		아룬 아마라폰(인명)
□ やまだ	山田	야마다(인명)
□ だいがく	大学	대학
□ せんせい	先生	선생님
□ きょう	今日	오늘
□ ひるごはん	昼ごはん	점심식사
□ かんじ	漢字	한자
□ きょうかしょ	教科書	교과서
□ じゅぎょう	授業	수업
□ リー・ミン		리 민(인명)
□ ひるやすみ	昼休み	점심시간
□ やすみ	休み	휴일, 휴가, 휴식
□ いつ		언제
□ ぎんこう	銀行	은행
□ デパート		백화점
□ ごぜん	午前	오전
□ ぶんかさい	文化祭	문화제(축제)

□ しょくどう	食堂	식당
□ ゆうびんきょく	郵便局	우체국
□ としょかん	図書館	도서관
□ たんじょうび	誕生日	생일
□ なつやすみ	夏休み	
		여름방학, 여름휴가
□ ばんごはん	晩ごはん	저녁식사
□ テスト		시험

【いろいろな表現】

□ はじめまして。	처음 뵙겠습니다.
□ どうぞよろしくお願いします。	
	아무쪼록 잘 부탁합니다.
□ よろしくお願いします。	잘 부탁합니다.
□ よろしく。	잘 부탁합니다.
	(よろしくお願いします의 준말)
□ はい、そうです。	네, 그렇습니다.
□ あのう、(休みはいつですか。)	
	저, (휴일은 언제입니까?)

吉田さんの一日、佐藤さんの一日
よしだ　　　　　　いちにち　　さとう　　　　　　いちにち

動詞
どうし

1. 飲みます
の

2. 食べます
た

3. 見ます
み

4. 聞きます
き

5. 読みます
よ

6. 書きます
か

7. 吸います
す

8. します

仕事をします

勉強をします

テニスをします

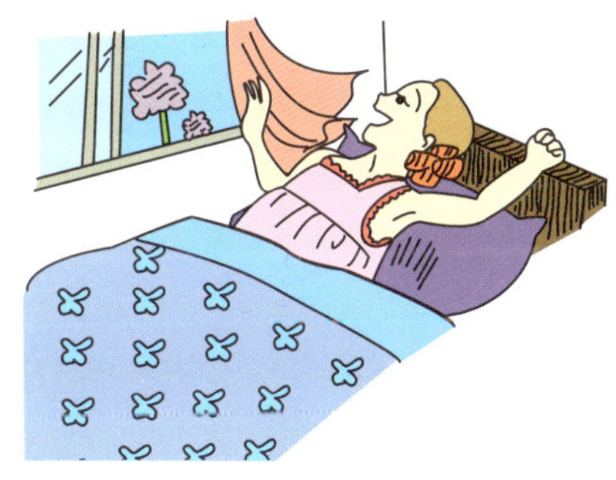

9. 起きます

10. 寝ます

11. 行きます

12. 帰ります

13. 来ます

吉田良子さんの一日

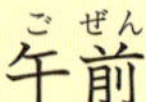

午前

7：00

7時半に起きます。
コーヒーを飲みます。

8：00　学校へ行きます。

9：00　9時から3時まで学校で勉強をします。

午後

3：00

3時半からテニスをします。

6：00　6時にうちへ帰ります。
晩ごはんを食べます。

7：00

テレビを見ます。

11：00

11時半に寝ます。

1

A：何を飲みますか。

B：コーヒーを飲みます。

を飲みます。

? を飲みます。
↓
何　を飲みますか。

1）コーヒーを飲みます。

2）おすしを食べます。

3）テレビを見ます。

4）音楽を聞きます。

5）本を読みます。

6）手紙を書きます。

7）テニスをします。

8）A：何を飲みますか。

　　B：紅茶を飲みます。

9）（レストランで）

　　ワン：何を食べますか。

　　マリー：カレーとサラダを食べます。ワンさんは何を食べますか。

　　ワン：私はハンバーガーを食べます。

2

A：たばこを吸いますか。

B：｜ はい、吸います。

　　 いいえ、吸いません。

いきます　→　いきません

たべます　→　たべません

きます　→　きません

します　→　しません

1）吉田：佐藤さんはお酒を飲みますか。

　　佐藤：いいえ、飲みません。

3

A：どこ へ 行きますか。

B：学校へ行きます。

へ行きます。

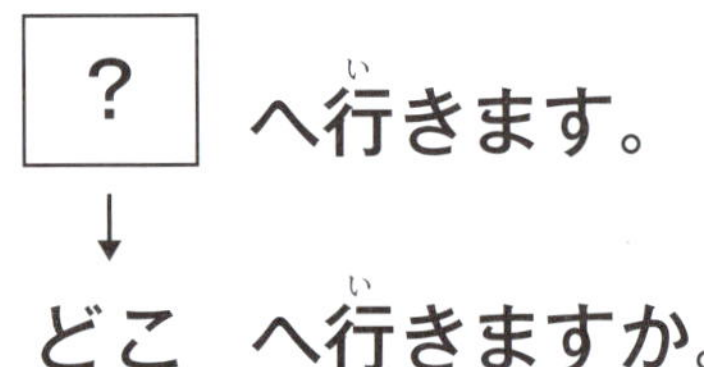

へ行きます。
↓
どこ　へ行きますか。

1）会社へ行きます。

2）うちへ帰ります。

3）日本へ来ます。

4）チン：どこへ行きますか。

　　リー：郵便局へ行きます。

文型

4

A：<u>どこ</u>で勉強をしますか。

B：学校<u>で</u>勉強をします。

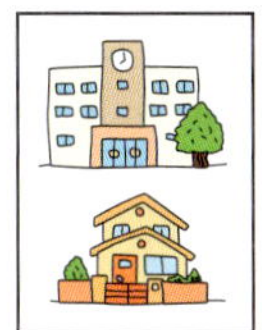で勉強をします。

? → で勉強をします。
↓
どこ　で勉強をしますか。

1）うちで本を読みます。
2）会社で仕事をします。
3）A：どこで昼ごはんを食べますか。
　　B：学校の食堂で食べます。

文型

5

A：<u>何時</u>に起きますか。

B：7時半<u>に</u>起きます。

A：<u>いつ</u>コーヒーを飲みますか。

B：朝、飲みます。

に学校へ行きます。ごろ(に)うちへ帰ります。

、テレビを見ます。

1）7時にうちへ帰ります。
2）11時半ごろ(に)寝ます。
3）A：何時に起きますか。
　　B：7時に起きます。
4）夜、うちで音楽を聞きます。
5）A：いつ新聞を読みますか。
　　B：朝、読みます。

練習a 佐藤さんの一日を見て言いましょう。

佐藤武さんの一日

午前

6：00

7：00

8：00

9：00

9：00a.m.〜7：00p.m.

午後

7：00

8：00

9：00

10：00

11：00

12：00

☆自分の一日を友達に言いましょう。

（練 習b） 絵を見て例のように言いましょう。

例) A：何時に起きますか。
　　B：7時に起きます。

起きます　7時

1. 行きます　銀行

2. 食べます　スパゲッティ

3. 勉強をします　うち

4. 飲みます　ビール

5. 寝ます　１１時

練習C 例のように友達と話しましょう。

例) A：何時に起きますか。
B：7時に起きます。

何時に学校へ来ますか。

どこで昼ごはんを食べますか。

何時ごろうちへ帰りますか。

夜、何をしますか。

何時ごろ寝ますか。

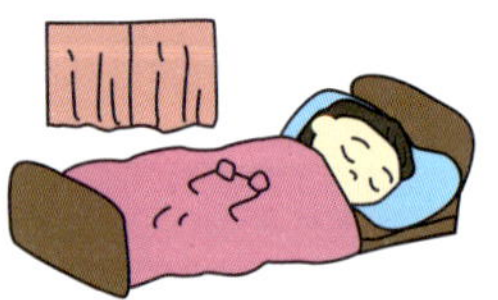

本文 2

昨日、何をしましたか。

CD-35~

（月曜日　教室で）

ラフル：おはようございます。

ワン：おはようございます。

ラフル：ワンさん、昨日、何をしましたか。

ワン：渋谷で映画を見ました。ラフルさんは？

ラフル：私はテニスをしました。

ワン：そうですか。

6 見_み ┤ ました。
　　　　└ ませんでした。

1）昨日_{きのう}、デパートへ行_いきました。

2）A：昨日_{きのう}の夜_{よる}、テレビを見_みましたか。

　　B：いいえ、見_みませんでした。

3）A：日曜日_{にちようび}に何_{なに}をしましたか。

　　B：うちで本_{ほん}を読_よみました。

練習_{れんしゅう} d　例_{れい}のように自由_{じゆう}に友達_{ともだち}と話_{はな}しましょう。

例_{れい}）A：日曜日_{にちようび}に何_{なに}をしましたか。

　　B：サッカーをしました。

<ruby>言葉<rt>ことば</rt></ruby>

CD-38

□ のむ	飲む	마시다
□ たべる	食べる	먹다
□ みる	見る	보다
□ きく	聞く	듣다
□ よむ	読む	읽다
□ かく	書く	쓰다
□ すう	吸う	(담배를)피다
□ する		하다
□ しごと	仕事	일
□ しごと(を)する	仕事(を)する	일(을)하다
□ べんきょう	勉強	공부
□ べんきょう(を)する	勉強(を)する	공부(를)하다
□ テニス		테니스
□ テニス(を)する		테니스(를)치다
□ おきる	起きる	일어나다
□ ねる	寝る	자다
□ いく	行く	가다
□ かえる	帰る	돌아가다, 돌아오다
□ がっこう	学校	학교
□ ごご	午後	오후
□ うち		집
□ テレビ		텔레비전
□ なに	何	무엇
□ すし／おすし		초밥
□ おんがく	音楽	음악
□ ほん	本	책
□ てがみ	手紙	편지
□ レストラン		레스토랑
□ マリー・マルタン		마리 말탄(인명)
□ たばこ		담배
□ さけ／おさけ	(お)酒	술
□ どこ		어디
□ かいしゃ	会社	회사
□ にほん	日本	일본
□ チン・コウリョウ		진 코료(인명)
□ あさ	朝	아침

□ （11時半）ごろ		(11시반) 쯤, 무렵
□ よる	夜	밤
□ しんぶん	新聞	신문
□ いちにち	一日	하루
□ ビール		맥주
□ きのう	昨日	어제
□ しぶや	渋谷	시부야
□ えいが	映画	영화
□ サッカー		축구
□ サッカー(を)する		축구(를)하다

【いろいろな<ruby>表現<rt>ひょうげん</rt></ruby>】

□ （ラフルさん)は？	(라훌 씨)는?
□ そうですか。	그렇습니까.

これは誰のノートですか。

物の名前

机
いす
窓
ドア
ごみ箱
ホワイトボード
カーテン
テレビ

CD- 39~

教科書　　　　ノート
えんぴつ　　　消しゴム
シャーペン（シャープペンシル）
ボールペン
辞書
時計
めがね
傘
かばん
靴
パソコン
携帯（携帯電話）
ＣＤ
ＣＤプレーヤー

練習 a 46ページの絵を見て例のように言いましょう。

例) A：何ですか。
   B：教科書です。

本文

1 これは誰のノートですか。　　　CD- 41~

先生：これは誰のノートですか。
ラフル：それは私のノートです。
先生：これもラフルさんのですか。
ラフル：いいえ、それは私のじゃ

　　　ありません。

文型

1　A：ボールペンですか。

　　B：┌ はい、ボールペンです。
　　　└ いいえ、ボールペンじゃありません。
　　　シャーペンです。

1）A：猫ですか。
　　B：いいえ、猫じゃありません。
　　　犬です。

2）A：日本語の本ですか。

　　B：いいえ、日本語の本じゃありません。
　　　　英語の本です。

3）A：コーヒーですか。

　　B：いいえ、コーヒーじゃありません。
　　　　紅茶です。飲みますか。

　　A：ありがとうございます。

2　A：誰の教科書ですか。
　　　B：私の教科書です。／私のです。

1）先生：誰のかばんですか。

　　ラフル：ワンさんのかばんです。／ワンさんのです。

2）先生：ラフルさんの教科書ですか。

　　ラフル：いいえ、私の教科書じゃありません。
　　　　　　／私のじゃありません。

※　ラフル：誰ですか。

　　　チン：マリーさんです。

文型(ぶんけい)

3

これ
それ ｝ は私(わたし)の教科書(きょうかしょ)です。
あれ

1)

① これは誰(だれ)の教科書(きょうかしょ)ですか。

② それは私(わたし)の教科書(きょうかしょ)です。

2)

① それは誰(だれ)のノートですか。

② これは私(わたし)のノートです。

3)

① あれは誰(だれ)のかばんですか。

文型

4 それ<u>も</u>私のです。

1）先生：これは誰の本ですか。
　　ワン：それは私のです。
　　先生：これもワンさんのですか。
　　ワン：はい、それも私のです。

2）　ワン：これは誰のノートですか。
　　ラフル：それは私のです。
　　　ワン：これもラフルさんのですか。
　　ラフル：いいえ、それは私のじゃありません。

<ruby>言葉<rt>ことば</rt></ruby>

CD- 44

□ つくえ	机	책상
□ いす		의자
□ まど	窓	창문
□ ドア		문
□ ごみばこ	ごみ箱	휴지통
□ ホワイトボード		화이트 보드
□ カーテン		커튼
□ ノート		노트
□ えんぴつ		연필
□ けしゴム	消しゴム	지우개
□ シャーペン		샤프펜슬
		(シャープペンシルの준말)
□ シャープペンシル		
		샤프펜슬
□ ボールペン		볼펜
□ じしょ	辞書	사전
□ とけい	時計	시계
□ めがね		안경
□ かさ	傘	우산
□ かばん		가방
□ くつ	靴	신발
□ パソコン		퍼스널 컴퓨터
□ けいたい	携帯	휴대전화
		(けいたいでんわの준말)
□ けいたいでんわ	携帯電話	휴대전화
□ シーディー	ＣＤ	CD
□ シーディー プレーヤー	ＣＤ プレーヤー	CD 플레이어
□ なん(ですか。)	何	무엇(입니까?)
□ これ		이것
□ だれ	誰	누구
□ それ		그것
□ ねこ	猫	고양이
□ いぬ	犬	강아지
□ にほんご	日本語	일본어
□ えいご	英語	영어
□ あれ		저것

私のかばんはあの黒いのです。

い形容詞

1. 広い

CD- 45~

2. 狭い

3. 大きい

4. 小さい

5. 長い

6. 短い

7. 高（たか）い

8. 安（やす）い

9. 暑（あつ）い

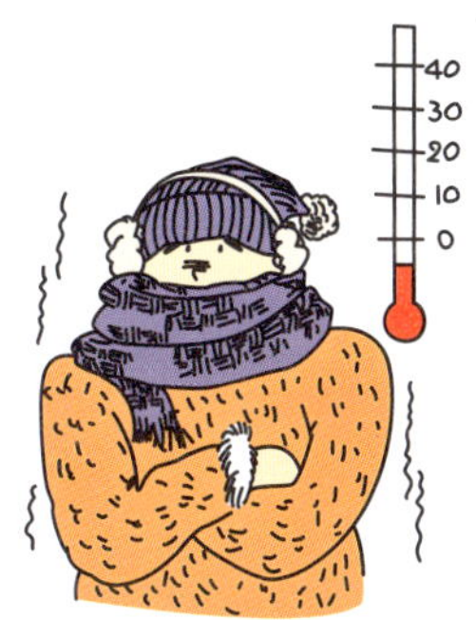

10. 寒（さむ）い

11. 新（あたら）しい

12. 古（ふる）い

13. 明（あか）るい

14. 暗（くら）い

15. うるさい

16. 汚い（きたな）

17. かわいい

18. 赤い（あか）

19. 青い（あお）

20. 黒い（くろ）

21. 白い（しろ）

22. 黄色い（きいろ）

な形容詞 (けいようし)

23. 静(しず)か

24. きれい

25. 元気(げんき)

本文 (ほんぶん)

1 チンさんの部屋(へや)は広(ひろ)いですか。　CD- 48~

（教室(きょうしつ)で）

マリー：チンさんの部屋(へや)は広(ひろ)いですか。

チン：いいえ、広(ひろ)くありません。

マリーさんの部屋(へや)は広(ひろ)いですか。

マリー：いいえ、私(わたし)の部屋(へや)も広(ひろ)くありません。

チン：マリーさんの部屋(へや)はきれいですか。

マリー：はい、私(わたし)の部屋(へや)はきれいです。

チン：そうですか。私(わたし)の部屋(へや)はきれいじゃありません。

1 広い部屋です。
元気な子供です。

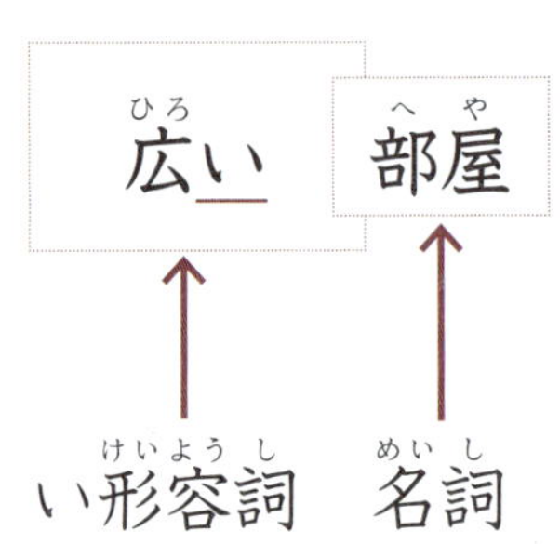

広い → い形容詞
部屋 → 名詞

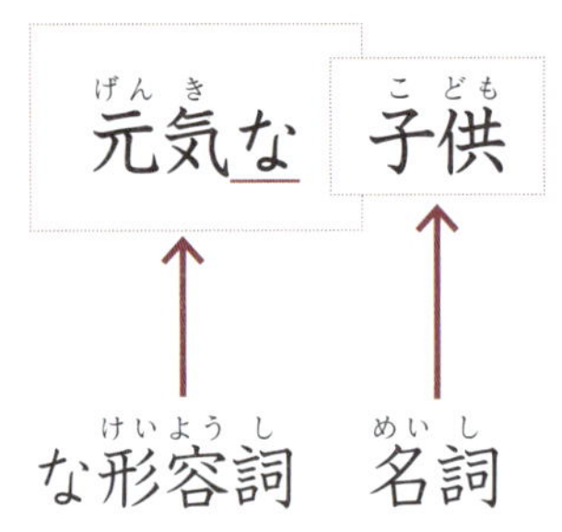

元気な → な形容詞
子供 → 名詞

1) 黄色い帽子です。
2) 新しい車です。
3) 静かな音楽です。
4) A：きれいな花ですね。

　　B：そうですね。

練習a　絵を見て例のように言いましょう。　————　文型 1

例) 安い時計です。

1.

2.

3.

文型 2

A：チンさんの部屋は広いですか。

B：　はい、広いです。

　　　いいえ、広くありません。

1) マリー：チンさんのノートは新しいですか。
　　チン：はい、新しいです。

2) 　チン：マリーさんのかばんは大きいですか。
　マリー：いいえ、大きくありません。

練習b 絵を見て例のように言いましょう。

例1） マリー：チンさんの携帯電話は新しいですか。
　　　チン：はい、新しいです。

例2） マリー：チンさんの携帯電話は新しいですか。
　　　チン：いいえ、新しくありません。

1)

2)

文型

3　A：マリーさんの部屋はきれいですか。

　　B：はい、きれいです。

　　　　いいえ、きれいじゃありません。

1）ラフル：ワンさんの部屋は静かですか。

　　ワン：はい、静かです。

　　　　　ラフルさんの部屋は静かですか。

　　ラフル：いいえ、静かじゃありません。

練習 c　絵を見て言いましょう。

1.

2.

練習 d　例のように友達と話しましょう。

例）　チン：マリーさんの傘は新しいですか。

　マリー：　はい、新しいです。
　　　　　　いいえ、新しくありません。

2　あの大きいかばんは誰のですか。

（校外学習で）

先生：このかばんは誰のですか。

チン：それはマリーさんのです。

先生：チンさんのかばんは
　　　どれですか。

チン：その黒いのです。

先生：あの大きいかばんは
　　　誰のですか。

ワン：あれはラフルさんのです。

4　このかばん
　　そのかばん　｝はマリーさんのです。
　　あのかばん

1）A：このボールペンは誰のですか。

　　B：それは私のです。

2）A：その消しゴムは誰のですか。

　　B：これはラフルさんのです。

3）A：あの白い傘は誰のですか。
　　B：あの傘は佐藤さんのです。
4）その大きいかばんは私のです。
5）このきれいな傘は吉田さんのです。

5　チンさんのかばんはどれですか。

1）　チン：マリーさんの靴はどれですか。
　　マリー：それです。

2）ラフル：ワンさんの絵はどれですか。
　　ワン：あれです。

6　A：チンさんのかばんはどれですか。
　　B：その黒いのです。

1）マリー：チンさんの靴はどれですか。
　　チン：この黄色いのです。
2）マリー：チンさんのかばんはどれですか。
　　チン：あの大きいのです。

（練 習 e）　絵を見て例のように言いましょう。

例）　ワン：<u>ラフルさんの傘</u>はどれですか。

　　　ラフル：<u>その赤い</u>のです。

1.

2.

3.

言葉 (ことば)

 CD- 54

□ ひろい	広い	넓다
□ せまい	狭い	좁다
□ おおきい	大きい	크다
□ ちいさい	小さい	작다
□ ながい	長い	길다
□ みじかい	短い	짧다
□ たかい	高い	높다
□ やすい	安い	싸다
□ あつい	暑い	덥다
□ さむい	寒い	춥다
□ あたらしい	新しい	새롭다
□ ふるい	古い	오래되다
□ あかるい	明るい	밝다
□ くらい	暗い	어둡다
□ うるさい		시끄럽다
□ きたない	汚い	더럽다
□ かわいい		귀엽다
□ あかい	赤い	빨갛다
□ あおい	青い	파랗다
□ くろい	黒い	검다
□ しろい	白い	희다
□ きいろい	黄色い	노랗다
□ しずか	静か	조용힘
□ きれい		깨끗함, 예쁨
□ げんき	元気	건강함, 힘참
□ へや	部屋	방
□ こども	子供	아이
□ ぼうし	帽子	모자
□ くるま	車	자동차
□ はな	花	꽃
□ こうがいがくしゅう	校外学習	교외학습
□ この		이
□ どれ		어느
□ その		그
□ あの		저
□ え	絵	그림

【いろいろな表現】

□ そうですね。	그렇네요.

冷蔵庫の中にジュースがあります。
れいぞうこ　なか

1　冷蔵庫の中にジュースがあります。　CD- 55~
れいぞうこ　なか

位置を表す言葉

CD- 58~

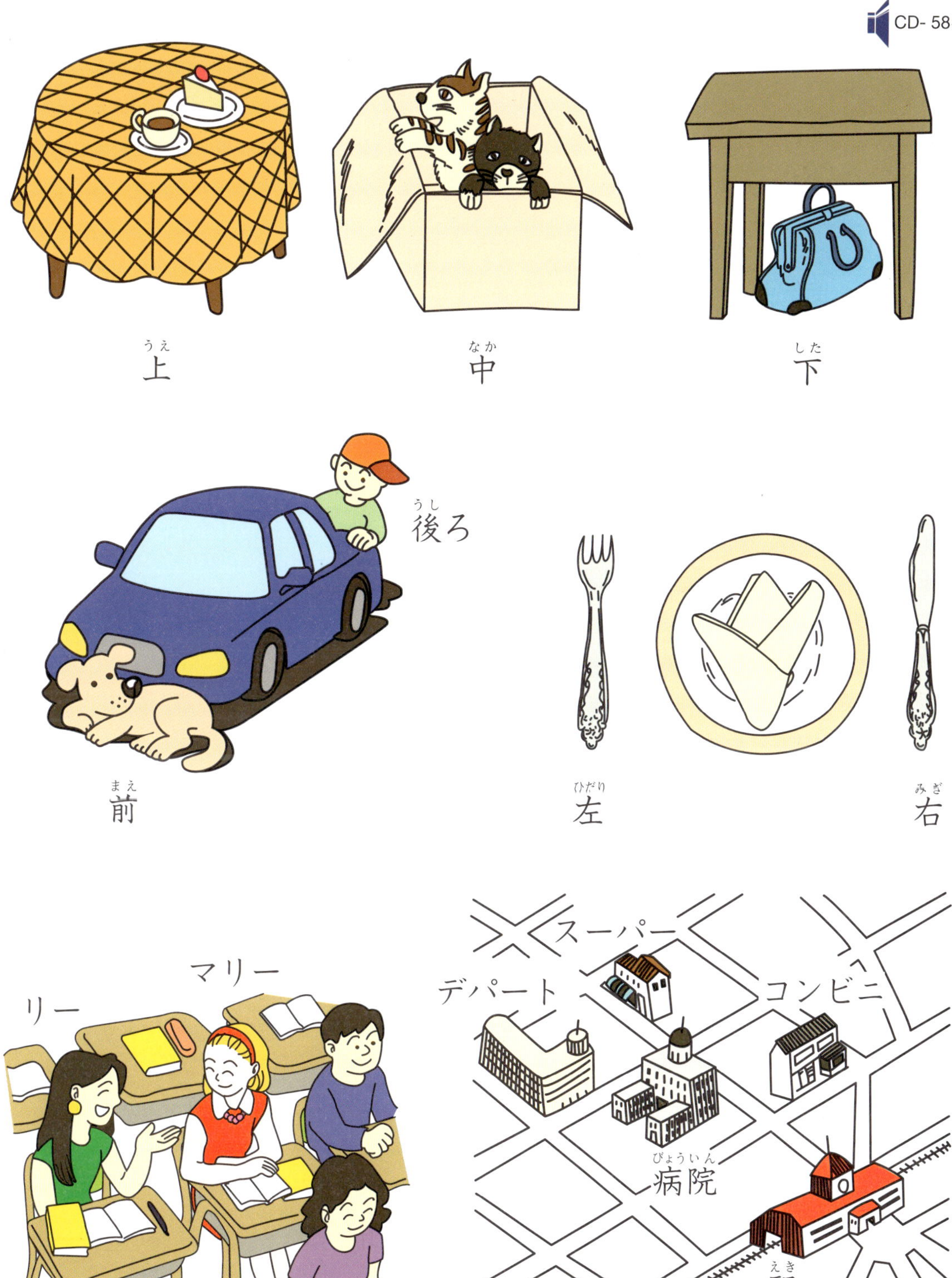

1 テーブルの上にケーキとコーヒーが あります。

車の後ろに男の子が います。

1）箱の中に猫がいます。
2）机の下にかばんがあります。
3）車の前に犬がいます。
4）お皿の左にフォークがあります。
お皿の右にナイフがあります。
5）リーさんの隣にマリーさんがいます。

2 駅のそばにスーパーやコンビニ（など）があります。

1）私のうちのそばに公園や図書館（など）があります。
2）新宿駅のそばにデパートや銀行（など）があります。

（ 練 習 a ） 文を読んで（　　　）の中に数字を書きましょう。 ········· 文型 **1**

私の後ろにチンさんがいます。

佐藤さんの右に猫がいます。

チンさんの隣に吉田さんがいます。

吉田さんの前に伸ちゃんがいます。

私の左に犬がいます。

吉田さんの右にマリーさんがいます。

（　　　）（　　　）（　　　）

1　吉田さん
2　私
3　マリーさん
4　伸ちゃん
5　佐藤さん
6　チンさん

（　　　）（　　　）（　　　）

3

A：テーブルの上に何が ありますか。

B：ケーキとコーヒーが あります。

A：リーさんの隣に誰が いますか。

B：マリーさんが います。

A：箱の中に何が いますか。

B：猫が います。

1）A：その箱の中に何がありますか。
　B：古いまんががあります。

2）ワン：教室に誰がいますか。
　リー：ラフルさんがいます。

3）A：そのかばんの中に
　　　何がいますか。
　B：犬です。見ますか。
　A：かわいいですね。

2　お手洗いはどこにありますか。

（デパートの中で）

佐藤武：あのう、この階にお手洗いはありますか。

店員A：いいえ。お手洗いは3階にあります。

（３階で）

佐藤：すみません、お手洗いはどこにありますか。

店員Ｂ：あそこです。

佐藤：ああ、あそこですね。どうもありがとうございます。

（お手洗いの中の洗面所で）

男の人：あれっ、私のめがねはどこに…。

佐藤：はい。ここにありますよ。

男の人：ああ、どうもすみません。

4　A：お手洗いは どこに ありますか。／どこですか。

　　B：お手洗いは あそこに あります。／あそこです。

1）（電話で）

　　ワン：今、どこにいますか。

　ラフル：食堂にいます。

2）A：郵便局はどこにありますか。

　　　　　　／どこですか。

　　B：郵便局はここにあります。

　　　　／ここです。

3）A：私の犬はどこにいますか。

　　　　　　／どこですか。

　　B：あそこにいます。

　　　　／あそこです。

 絵を見て例のように言いましょう。

れい
例) A：リーさんはどこにいますか。
　　 B：教室の前にいます。

1.

2.

練 習 c 　地図を見て例のように言いましょう。

例） A：病院はどこにありますか。
　　 B：喫茶店の隣にあります。

1．郵便局　　2．ホテル　　3．本屋　　4．コンビニ

練習 d （れんしゅう）　絵を見て例のように言いましょう。

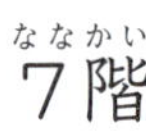 

7階（ななかい）

6階（ろっかい）　テレビ

5階（ごかい）

4階（よんかい）

3階（さんがい）

2階（にかい）　スカート

1階（いっかい）　靴（くつ）　かばん　化粧品（けしょうひん）

地下1階（ちかいっかい）　果物（くだもの）

地下2階（ちかにかい）

レストラン

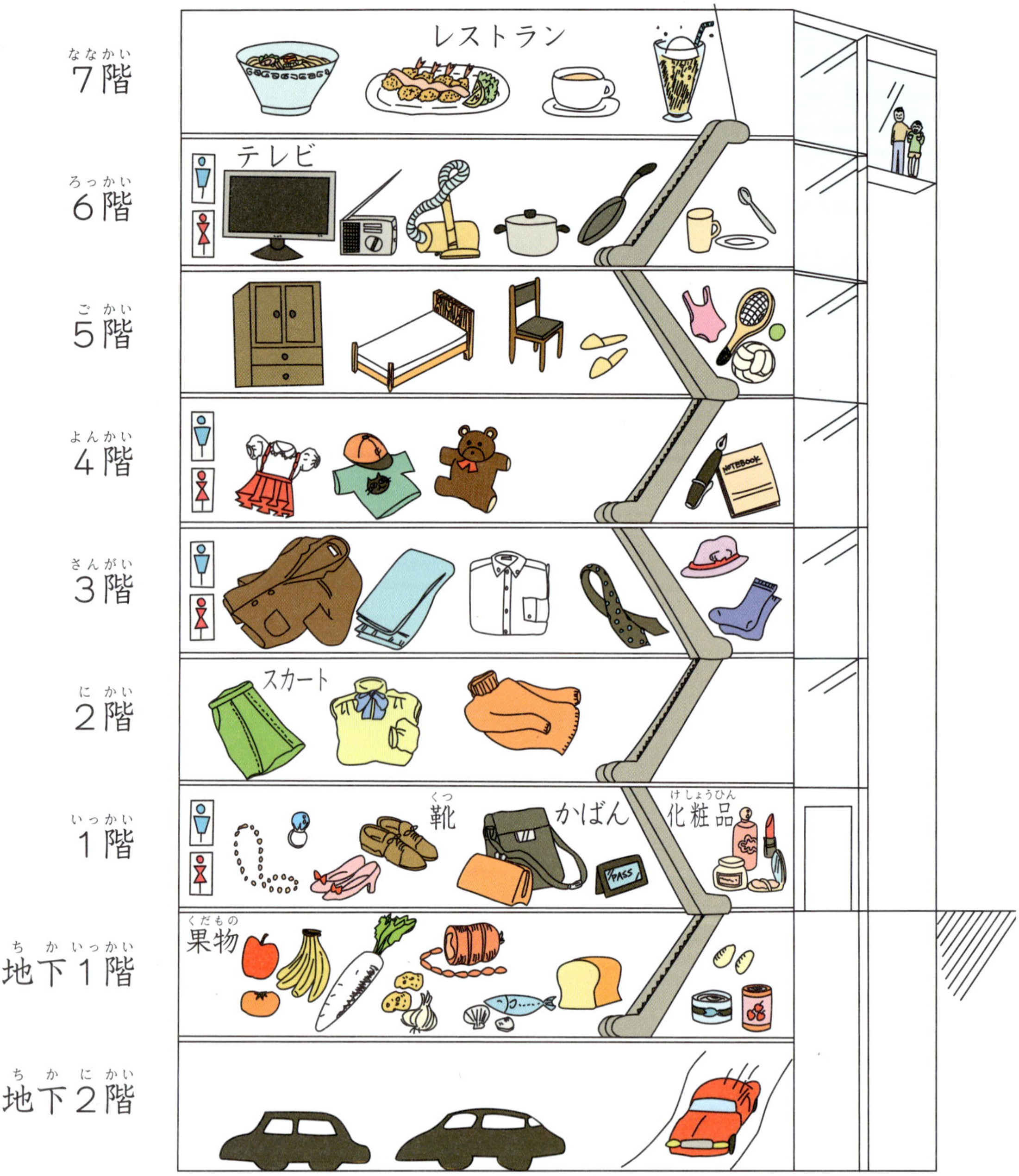

例）（れい）　A：すみません、靴（くつ）は何階（なんかい）ですか。
　　　　　　B：1階（いっかい）です。

1．レストラン　　　　2．かばん　　　　3．化粧品（けしょうひん）

4．果物（くだもの）　　5．スカート　　　6．テレビ

言葉

□ す￢ずきけ￢んじ	鈴木健志	스즈키 켄지(인명)
□ (健志)くん	君	(켄지)군
□ れ￢いぞ￢うこ	冷蔵庫	냉장고
□ な￢か	中	안, 속
□ あ￢る		(사물)있다
□ テ￢ーブル		테이블
□ う￢え [位置]	上	위
□ か￢し／お￢か￢し	(お)菓子	과자
□ お￢か￢あさん	お母さん	어머니
□ (お母さん)よ￢り		(어머니)로부터
□ し￢た	下	아래
□ ま￢え [位置]	前	앞
□ う￢しろ	後ろ	뒤
□ ひ￢だり	左	왼쪽
□ み￢ぎ	右	오른쪽
□ と￢なり	隣	옆, 곁
□ ス￢ーパー		슈퍼
□ コ￢ンビニ		편의점
□ びょ￢ういん	病院	병원
□ え￢き	駅	역
□ (駅の)そ￢ば		(역)옆
□ ケ￢ーキ		케이크
□ お￢と￢このこ	男の子	남자 아이
□ い￢る		(사물 이외)있다
□ は￢こ	箱	상자
□ さ￢ら／お￢さ￢ら	(お)皿	접시
□ フォ￢ーク		포크
□ ナ￢イフ		나이프
□ こ￢うえん	公園	공원
□ し￢んじゅく￢えき	新宿駅	신주쿠역
□ す￢ずきし￢ん	鈴木伸	스즈키 신(인명)
□ (伸)ちゃん		(신)짱
□ ま￢んが		만화
□ (に￢)かい	(2)階	(2)층
□ て￢あ￢らい／おて￢あ￢らい	(お)手洗い	화장실

□ て￢んいん	店員	점원
□ あ￢そこ		저기
□ せ￢んめんじょ￢	洗面所	세면대
□ お￢とこのひと￢	男の人	남자
□ こ￢こ		여기
□ で￢んわ	電話	전화
□ き￢っさてん	喫茶店	커피숍
□ ホ￢テル		호텔
□ ほ￢んや	本屋	서점
□ ち￢か	地下	지하
□ け￢しょうひん	化粧品	화장품
□ く￢だ￢もの	果物	과일
□ ス￢カ￢ート		치마

【いろいろな表現】

□ おかえりなさい。	어서 오세요.
□ ああ、	아아,
□ どうもありがとうございます。	정말 감사합니다.
□ あれっ、	어머?
□ はい。(ここにありますよ。)	네, (이 곳에 있습니다).
□ どうもすみません。	정말 감사합니다.

どんな映画が好きですか。
えい が　　　　　す

1 料理をしますか。
りょう り

CD-63~

（鈴木さんのうちで）
すず き

鈴木幸子：みなさん、サンドイッチ、どうぞ。
すず き さち こ

吉田良子：ありがとうございます。
よし だ よし こ

みんな：いただきます。おいしい！

幸子：武さん、こちら、私の友達の吉田良子さんです。
さち こ　　たけ し　　　　　　わたし　とも だち　　よし だ よし こ

吉田：はじめまして。吉田です。
よし だ　　　　　　　　　　よし だ

佐藤武：佐藤武です。よろしく。
さ とう たけ し　さ とう たけ し

＊

佐藤：幸子さんの料理はおいしいですね。
　　　吉田さんは料理をしますか。

吉田：いいえ、あまりしません。

佐藤：そうですか。

吉田：佐藤さんはよくお酒を飲みますか。

佐藤：いいえ、ぜんぜん飲みません。吉田さんはよく飲みますか。

吉田：ときどき飲みます。

佐藤：何を飲みますか。

吉田：ビールかワインを飲みます。

1

A：<u>よく</u>お酒を飲みますか。

B：はい、<u>よく</u>飲み<u>ます</u>。

いいえ、<u>あまり</u>飲み<u>ません</u>。

いいえ、<u>ぜんぜん</u>飲み<u>ません</u>。

1）私はよく本を読みます。

2）A：よくスポーツをしますか。

B：いいえ、あまりしません。

3）A：よく料理をしますか。

B：いいえ、ぜんぜんしません。

練習a 例のように言いましょう。

例）本を読みます / いいえ / あまり

チン：マリーさんはよく<u>本</u>を<u>読</u>みますか。

マリー：<u>いいえ、あまり読みません</u>。

1. スポーツをします / いいえ / あまり
2. テレビを見ます / はい / よく
3. お酒を飲みます / いいえ / ぜんぜん

練習b 例のように友達と話しましょう。 ――――――――――――――――――――― 文型 1

例) チン：マリーさんはよく本を読みますか。

マリー： はい、よく読みます。

いいえ、あまり読みません。

いいえ、ぜんぜん読みません。

チンさんはよく本を読みますか。

チン： はい、よく読みます。

いいえ、あまり読みません。

いいえ、ぜんぜん読みません。

スポーツ　　手紙　　料理　　映画

お酒　　テレビ　　音楽

文型

2 ビールかワインを飲みます。

1) A：朝、何を飲みますか。

B：コーヒーか紅茶を飲みます。

2) A：いつもどこで買い物をしますか。

B：駅前のスーパーかコンビニでします。

2　どんな映画が好きですか。　🔊 CD- 66~

吉田：佐藤さんは日曜日に何をしますか。

佐藤：映画を見ます。

吉田：そうですか。映画館で見ますか。

佐藤：いいえ、映画館では見ません。うちで見ます。

吉田：どんな映画が好きですか。

佐藤：私はコメディーが好きです。
　　　吉田さんはどんな映画が好きですか。

吉田：私はホラーが好きです。

佐藤：そうですか。私はホラーは好きじゃありません。

3 私はコメディーが 好きです。

1）マリー：チンさんは和食が好きですか。

　　チン：はい、好きです。おすしが大好きです。

　マリー：私もおすしが好きです。

2）佐藤：吉田さんはクラシックが好きですか。

　吉田：いいえ、あまり好きじゃありません。

　　　私はロックが好きです。

　佐藤：そうですか。

3）私は納豆が嫌いです。

れんしゅう
練習C　例のように友達と話しましょう。　

れい
例）おすし

　　チン：マリーさんはおすしが好きですか。

　マリー：はい、好きです。

　　　　　いいえ、あまり好きじゃありません。

1．犬
2．猫
3．ホラー映画
4．お酒
5．クラシック

4　A：どんな映画が好きですか。

　　　B：私はコメディーが好きです。

1）吉田：どんな音楽が好きですか。

　　チン：静かな音楽が好きです。吉田さんは？

　　吉田：私はロックが好きです。

2）A：どんなスポーツをしますか。

　　B：サッカーをします。

　　A：私もサッカーをします。

3）　吉田：マリーさんの猫はどんな猫ですか。

　　マリー：白い猫です。

練習d　例のように言いましょう。 文型 3・4

例）音楽／クラシック

　　チン：マリーさんは音楽が好きですか。

　　マリー：はい、好きです。

　　チン：どんな音楽が好きですか。

　　マリー：クラシックが好きです。

1．スポーツ／テニス
2．和食／てんぷら
3．映画／コメディー

5 映画館<u>では</u>見<u>ません</u>。うちで見ます。

を	→	は	へ	→	へは
が	→	は	に	→	には
□	→	は	で	→	では

1）A：朝、コーヒーを飲みますか。

B：いいえ、コーヒーは飲みません。ミルクを飲みます。

2）A：ロックが好きですか。

B：いいえ、ロックは好きじゃありません。

クラシックが好きです。

3）A：朝、新聞を読みますか。

B：いいえ、朝は読みません。夜、読みます。

4）A：このバスは池袋へ行きますか。

B：いいえ、池袋へは行きません。渋谷へ行きます。

5）A：夏休みに国へ帰りますか。

B：いいえ、夏休みには帰りません。冬休みに帰ります。

6）A：うちで晩ごはんを食べますか。

B：いいえ、うちでは食べません。外で食べます。

（練習 e ）絵を見て例のように言いましょう。

例）

1.

2.

3.

3　サッカーを見るのが好きです。

CD- 68~

吉田：佐藤さんはよくスポーツをしますか。

佐藤：いいえ、あまりしません。吉田さんは？

吉田：私はよくテニスをします。サッカーも好きです。

佐藤：サッカーをしますか。

吉田：いいえ、しません。
　　　私はサッカーを見るのが好きです。
　　　佐藤さんもよくサッカーを見ますか。

佐藤：いいえ、あまり見ません。
　　　私はすもうを見るのが好きです。
　　　吉田さんはすもうを見ますか。

吉田：いいえ、ぜんぜん見ません。

6 　動詞　辞書形

	ます形		辞書形
グループ1	すいます	→	すう（あ　い　う　え　お）
	いきます	→	いく（か　き　く　け　こ）
	よみます	→	よむ（ま　み　む　め　も）
	あります	→	ある（ら　り　る　れ　ろ）
	かえります	→	かえる（ら　り　る　れ　ろ）
グループ2	います	→	いる
	みます	→	みる
	ねます	→	ねる
	たべます	→	たべる
	おきます	→	おきる
グループ3	します	→	する
	きます	→	くる

7 　私はサッカーを見るのが好きです。

1）吉田：佐藤さんは何をするのが好きですか。
　　佐藤：私は本を読むのが好きです。

2）Ａ：よく料理をしますか。
　　Ｂ：いいえ。私は料理をするのはあまり好きじゃありません。
　　Ａ：そうですか。

3）ワン：私はよく美術館へ行きます。

チンさんもよく行きますか。

チン：ええ。私は絵を見るのが好きです。

ワン：そうですか。私は絵をかくのが好きです。

　絵を見て例のように言いましょう。　　　　　　　　　　　　　　　文型

7

例）A：何をするのが好きですか。

B：私は映画を見るのが好きです。

A：私はスポーツをするのが好きです。

1．絵を見る　　絵をかく　　　2．サッカーをする　テニスをする

3．テレビを見る　まんがを読む

練習 9　自由に友達と話しましょう。　　　　　　　　　文型 1~7

CD- 70

□ す゚ずき さ゚ちこ	鈴木幸子	스즈키 사치코(인명)
□ み゚なさん		여러분
□ み゚んな		모두
□ お゚いし゚い		맛있다
□ こ゚ちら [この人]		이 쪽[이 사람]
□ と゚もだち	友達	친구
□ りょ゚うり	料理	요리
□ りょ゚うり(を)する	料理(を)する	요리(를)하다
□ あ゚まり(~ない)		그다지(~지 않다)
□ よ゚く(飲む)		자주 (마시다)
□ ぜ゚んぜん		전혀
□ と゚きどき		가끔, 때때로
□ ワ゚イン		와인
□ ス゚ポ゚ーツ		스포츠
□ ス゚ポ゚ーツ(を)する		스포츠(를)하다
□ い゚つも		언제나
□ か゚いもの	買い物	쇼핑
□ か゚いもの(を)する	買い物(を)する	쇼핑(을)하다
□ え゚き゚ま゚え	駅前	역 앞
□ え゚いが゚かん	映画館	영화관
□ ど゚んな		어떤
□ す゚き゚	好き	좋음
□ コ゚メディー		코미디
□ ポラー		호러
□ わ゚しょく	和食	일식
□ だ゚いすき	大好き	매우 좋아함
□ ク゚ラ゚シック		클래식
□ ロ゚ック		락
□ な゚っとう	納豆	낫토
□ き゚らい	嫌い	싫음
□ て゚んぷら		튀김
□ バ゚ス		버스
□ い゚けぶ゚くろ	池袋	이케부쿠로
□ く゚に	国	나라

□ ぷゆや゚すみ	冬休み	겨울방학
□ そ゚と	外	밖
□ ニュ゚ース		뉴스
□ ド゚ラマ		드라마
□ す゚もう		스모
□ び゚じゅつ゚かん	美術館	미술관
□ (絵を)か゚く		(그림을)그리다

【いろいろな<ruby>表現<rt>ひょうげん</rt></ruby>】

□ みなさん、		여러분,
□ いただきます。		잘 먹겠습니다.
□ ええ。		네.

財布を落としました。

1 財布を落としました。　　CD- 71~

（学生会館で）

ラフル：あのう、財布を落としました。
　　　　先生、私の財布を見ましたか。

会館の先生：いいえ。

ラフル：そうですか…。

（交番で）

ラフル：すみません。

警察官：はい。何ですか。

ラフル：あのう、財布を落としました。

警察官：財布ですか。どこで落としましたか。

ラフル：わかりません。

警察官：今日、どこへ行きましたか。

ラフル：ええと、朝、郵便局へ行きました。

警察官：その時、財布はありましたか。

ラフル：はい、ありました。切手を買いました。

　　　　それから、うちへ帰りました。

警察官：そうですか。部屋の中を捜しましたか。

ラフル：ええ。でも、ありませんでした。

1　時の言い方
とき　い　かた

おとうと　　　昨日　　　　　今日　　　　　明日　　　　あさって
　　　　　　　きのう　　　　きょう　　　　あした

ゆうべ＝昨日の夜
きのう　よる

今朝＝今日の朝
けさ　きょう　あさ

今夜／今晩＝今日の夜
こんや　こんばん　きょう　よる

1）おとうと、財布を落としました。
　　　　　　さいふ　お

2）Ａ：ゆうべ、何を食べましたか。
　　　　　　　なに　た

　　Ｂ：カレーを食べました。
　　　　　　　た

3）今日、学校でテニスをします。
　　きょう　がっこう

4）明日の夕方、友達のうちへ行きます。
　　あした　ゆうがた　ともだち　　い

先週 先月 去年	今週 今月 今年	来週 来月 来年

5) A：かわいいTシャツですね。

   B：先週、原宿で買いました。

6) 去年の８月にタイへ行きました。

7) 来週の水曜日に新宿で映画を見ます。

8) 夏休みは来月の２３日からです。

練習a　絵を見て例のように友達と話しましょう。 ………… 文型 1

例1) A：<u>昨日、そうじをしました</u>か。

   B：┌ はい、しました。

      └ いいえ、しませんでした。

昨日

例2) A：<u>明日、テニスをします</u>か。

   B：┌ はい、します。

      └ いいえ、しません。

明日

1．先週　　2．今日の夜　　3．今朝　　4．昨日

　例のように友達と話しましょう。 ……… 文型 1

例）今朝／何／食べる／？

　A：今朝、何を食べましたか。

　B：〔パン〕を食べました。

1．ゆうべ／何／食べる／？
2．昨日の夜／何時／寝る／？
3．先週の日曜日／何／する／？
4．今朝／何時／起きる／？
5．今日の夜／何／する／？

文型

2

郵便局へ行きました。それから、うちへ帰りました。

1）A：日曜日に何をしましたか。

　B：洗濯をしました。それから、公園へ行きました。

2）A：昨日、何をしましたか。

　B：朝、そうじをしました。

　A：それから、何をしましたか。

　B：テレビを見ました。

3　部屋の中を捜しました。でも、ありませんでした。

1）昨日、友達のうちへ行きました。でも、友達はいませんでした。

2）A：よくスポーツをしますか。

　　B：はい、テニスをします。でも、上手じゃありません。

3）私の部屋は新しいです。でも、狭いです。

4）今日は雨です。でも、ディズニーランドへ行きます。

練習 c　　絵を見て例のように言いましょう。　　　　　文型 3

例）私は料理が好きです。
　　でも、あまり上手じゃありません。

私は料理が好きです。

1．私は歌が好きです。

2．私の部屋はきれいです。

3．私は野菜が嫌いです。

2　黒くて小さい財布です。

警察官：どんな財布ですか。

ラフル：黒くて小さい財布です。

警察官：財布の中にいくらありましたか。

ラフル：ええと…7千円ぐらいです。

警察官：そうですか。

ラフル：キャッシュカードもありました。

警察官：お金とキャッシュカード…。

　　　　ほかには？

ラフル：ええと…お金とキャッシュカードだけです。

警察官：わかりました。

　　　　じゃ、ここにあなたの住所と名前と電話番号を
　　　　書いてください。

ラフル：はい。

警察官：あっ、ボールペンで書いてください。

ラフル：はい…。

　　　　これでいいですか。

警察官：はい、けっこうです。

　　　　じゃ、後で連絡します。

ラフル：よろしくお願いします。

4

A：どんな財布ですか。

B：<u>黒くて小さい財布</u>です。

| い形容詞 | 黒く<u>て</u>小さい 財布 です。 |

| な形容詞 | 静か<u>で</u>きれいな 店 です。 |

1) リー：あのう、電車の中にかばんを忘れました。

　　駅員：どんなかばんですか。

　　リー：黒くて大きいかばんです。

2) A：今日、スカートを買いました。

　　B：どんなのを買いましたか。

　　A：白くて長いのを買いました。

3) 文化病院は大きくてきれいな病院です。

4) 吉田さんの部屋は静かで広い部屋です。

練習 d　絵を見て例のように言いましょう。

例）<u>赤くて小さい財布</u>です。

赤い／小さい／財布

1. 小さい／かわいい／犬

2. 黒い／新しい／携帯電話

3. 大きい／きれい／かばん

4. 静か／明るい／部屋

☆自分の物について言いましょう。

練習 e　絵を見て例のように言いましょう。

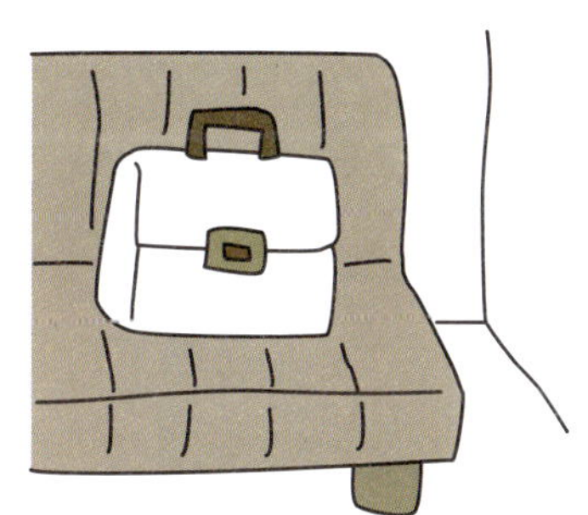

例）A：あのう、財布を
　　　　落としました。

　　B：どんな財布ですか。

　　A：黒くて小さい財布です。

　　B：じゃ、ここにあなたの名前と電話番号を書いてください。

　　A：はい…。

　　　　これでいいですか。

　　B：はい、けっこうです。じゃ、後で連絡します。

　　A：よろしくお願いします。

財布／落とす／黒い・小さい

1. 財布／落とす／丸い・大きい

2. かばん／忘れる／白い・四角い

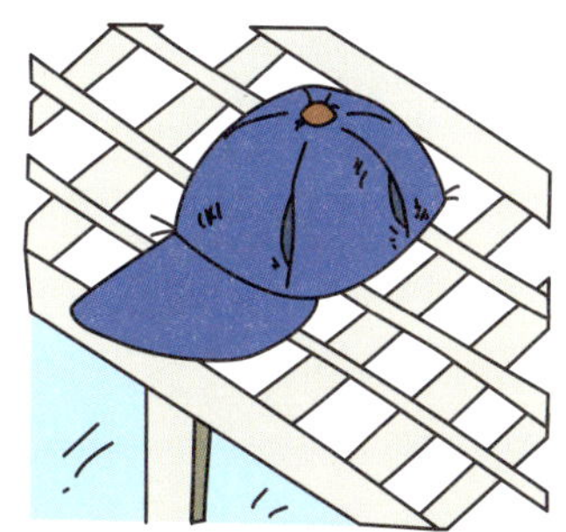

3. 帽子／忘れる／青い・古い

5 お金<ruby>かね</ruby>だけです。

1）先生<ruby>せんせい</ruby>：今日<ruby>きょう</ruby>の宿題<ruby>しゅくだい</ruby>は作文<ruby>さくぶん</ruby>だけです。

2）Ａ：家<ruby>いえ</ruby>のそばに何<ruby>なに</ruby>がありますか。

　　Ｂ：コンビニがあります。

　　Ａ：スーパーは？

　　Ｂ：ありません。コンビニだけです。

本文<ruby>ほんぶん</ruby>

3 ラフルさんの財布<ruby>さいふ</ruby>じゃありませんか。　　CD-77~

（学生会館<ruby>がくせいかいかん</ruby>で）

　　ラフル：ただいま。

　　会館<ruby>かいかん</ruby>の先生<ruby>せんせい</ruby>：あ、ラフルさん、おかえりなさい。
　　　　　　　　財布<ruby>さいふ</ruby>、ありましたか。

　　ラフル：いいえ…。

　　会館<ruby>かいかん</ruby>の先生<ruby>せんせい</ruby>：ラフルさん、お金<ruby>かね</ruby>はだいじょうぶですか。

　　ラフル：はい。チンさんに借<ruby>か</ruby>ります。

　　会館<ruby>かいかん</ruby>の先生<ruby>せんせい</ruby>：そうですか。私<ruby>わたし</ruby>も貸<ruby>か</ruby>しますよ。

　　ラフル：ありがとうございます。

（ラフルさんの部屋<ruby>へや</ruby>の前<ruby>まえ</ruby>で）

　　チン：あ、ラフルさん。

　　　　　これ、ラフルさんの財布<ruby>さいふ</ruby>じゃありませんか。

　　ラフル：あっ、そうです。どこにありましたか。

　　チン：ラフルさんの部屋<ruby>へや</ruby>の前<ruby>まえ</ruby>にありましたよ。

　　ラフル：ああ、そうですか。どうもありがとうございました。

文型

6

チンさんにお金を借ります。
ラフルさんにお金を貸します。

チンさんはラフルさんに辞書を貸します。
ラフルさんはチンさんに辞書を借ります。

※　ラフルさんはチンさんに辞書を返します。

1）ラフル：私はいつも、キムさんに
　　　　　消しゴムを借ります。
2）キム：私はいつも、ラフルさんに
　　　　消しゴムを貸します。

3）吉田：佐藤さんに私の傘を貸しました。
4）先週、図書館で本を借りました。来週、返します。

CD- 79

□ さいふ	財布	지갑
□ (財布を)おとす	落とす	(지갑을)잃어버리다
□ かいかん	会館	회관
□ こうばん	交番	파출소
□ けいさつかん	警察官	경찰관
□ わかる		알다
□ そのとき	その時	그 때
□ きって	切手	우표
□ かう	買う	사다
□ それから [順序]		그 다음에, 그리고[순서]
□ さがす	捜す	찾다
□ でも		그래도
□ おととい		그저께
□ あした	明日	내일
□ あさって		모레
□ ひる	昼	점심
□ ゆうがた	夕方	저녁 때
□ ゆうべ		어제 저녁
□ けさ	今朝	오늘 아침
□ こんや	今夜	오늘 밤
□ こんばん	今晩	오늘 밤
□ せんしゅう	先週	지난 주
□ こんしゅう	今週	이번 주
□ らいしゅう	来週	다음 주
□ せんげつ	先月	지난 달
□ こんげつ	今月	이번 달
□ らいげつ	来月	다음 달
□ きょねん	去年	작년
□ ことし	今年	올해
□ らいねん	来年	내년
□ ティーシャツ	Tシャツ	티셔츠
□ はらじゅく	原宿	하라주쿠
□ タイ		태국
□ しんじゅく	新宿	신주쿠
□ そうじ		청소
□ そうじ(を)する		청소(를)하다

□ パン		빵
□ せんたく	洗濯	세탁
□ せんたく(を)する	洗濯(を)する	세탁(을)하다
□ じょうず	上手	능숙함, 잘함
□ あめ	雨	비
□ ディズニーランド		디즈니랜드
□ うた	歌	노래
□ やさい	野菜	채소
□ (7千円)ぐらい/くらい		(7천엔)정도
□ キャッシュカード		현금 인출 카드
□ かね／おかね	(お)金	돈
□ ほか		다른 것, 외
□ (キャッシュカード)だけ		(현금 인출 카드)만
□ じゃ		그럼
□ あなた		당신
□ じゅうしょ	住所	주소
□ なまえ	名前	이름
□ でんわばんごう	電話番号	전화번호
□ あと	後	나중, 다음
□ れんらくする	連絡する	연락하다
□ みせ	店	가게
□ わすれる	忘れる	잊다
□ えきいん	駅員	역무원
□ ぶんかびょういん	文化病院	분카병원
□ まるい	丸い	둥글다
□ しかくい	四角い	네모나다
□ しゅくだい	宿題	숙제
□ さくぶん	作文	작문
□ いえ	家	집
□ だいじょうぶ		괜찮음
□ かりる	借りる	빌리다
□ かす	貸す	빌려주다
□ かえす	返す	돌려주다
□ キム・ヨンス		김용수(인명)

【いろいろな表現】

□ 何^{なん}ですか。　　　　　　　무슨 일입니까?

□ わかりません。　　　　　　　모르겠습니다.

□ ええと、　　　　　　　　　　저어,

□ ほかには？　　　　　　　　　그 외에는?

□ わかりました。　　　　　　　알겠습니다.

□ あっ、　　　　　　　　　　　앗,

□ これでいいですか。　　　　이렇게 하면 되나요?

□ はい、けっこうです。　　　　네, 괜찮습니다.

□ ただいま。　　　　　　　　　다녀왔습니다.

□ あ、　　　　　　　　　　　　아,

□ どうもありがとうございました。

　　　　　　　　　　　　　　정말 감사했습니다.

天気はどうでしたか。

1　天気はどうでしたか。

CD- 80~

ニュースキャスター：こんばんは。今日は5月5日、子供の日です。
今年のゴールデンウィークは今日で終わりました。
今日、約5万人の人が帰国しました。
成田空港から伊藤記者が報告します。

（成田空港で）

伊藤記者：あのう、すみません。

女の人：はい。

伊藤記者：どこへいらっしゃいましたか。

女の人：ハワイへ行きました。

伊藤記者：何日間ですか。

女の人：1週間です。

伊藤記者：旅行はどうでしたか。

女の人：少し疲れましたが、楽しかったです。

伊藤記者：天気はどうでしたか。

女の人：毎日とてもいい天気でした。昼はちょっと暑かったですが、
朝と夜はあまり暑くありませんでした。

伊藤記者：いつごろ切符を予約しましたか。

女の人：3か月前です。

伊藤記者：予約は大変でしたか。

女の人：いいえ、あまり大変じゃありませんでした。

文型

1

A：<u>何日間／どのぐらい</u>ですか。

B：<u>1週間</u>です。

☞ 140 ページ

1）リー：ワンさんは国でどのぐらい日本語を勉強しましたか。

　ワン：3か月勉強しました。リーさんは？

　リー：半年です。

2）キム：いつも何時間ぐらい寝ますか。

　チン：8時間ぐらい寝ます。

3）A：夏休みにハワイへ行きました。

　B：そうですか。ハワイに何日間いましたか。

　A：5日間です。

　B：東京からハワイまで何時間ぐらいですか。

　A：7時間ぐらいです。

4）ラフル：夏休みに何をしますか。

　　ワン：国へ帰ります。

　ラフル：どのぐらいですか。

　　ワン：3週間です。

文型

2

A：<u>どうでしたか。</u>

B：楽し｛かったです。

　　　　｛くありませんでした。

1）A：北海道は寒かったですか。

　B：いいえ、あまり寒くありませんでした。

　A：天気はどうでしたか。

　B：よかったです。

3

大変（たいへん）｜ でした。

じゃありませんでした。

1）A：パーティーはどうでしたか。

　　B：とてもにぎやかでした。

2）A：山の上公園（やま うえこうえん）はきれいでしたか。

　　B：いいえ、あまりきれいじゃありませんでした。

4

いい天気（てん き）｜ でした。

じゃありませんでした。

1）A：日曜日（にちよう び）、何（なに）をしましたか。

　　B：美術館（び じゅつかん）へ行（い）きました。でも、休（やす）みでした。

2）A：いいホテルでしたか。

　　B：いいえ、あまりいいホテルじゃありませんでした。

		現在（げん ざい）		過去（か こ）	
	辞書形（じ しょけい）	肯定形（こう ていけい）	否定形（ひ ていけい）	肯定形（こう ていけい）	否定形（ひ ていけい）
い形容詞（けいようし）	楽（たの）しい	楽（たの）しいです	楽（たの）しくありません	楽（たの）しかったです	楽（たの）しくありませんでした
	※いい	いいです	よくありません	よかったです	よくありませんでした
な形容詞（けいようし）	大変（たいへん）	大変（たいへん）です	大変（たいへん）じゃありません	大変（たいへん）でした	大変（たいへん）じゃありませんでした
名詞（めいし）	休（やす）み	休（やす）みです	休（やす）みじゃありません	休（やす）みでした	休（やす）みじゃありませんでした

練習 a 絵を見て例のように言いましょう。

例1） A：日曜日に何をしましたか。

B：<u>おすし屋さんへ行きました。</u>

A：どうでしたか。

B：<u>おいしかったです。</u>

A：よかったですね。

おすし屋さんへ行く

1．テニスをする

2．買い物をする

3．原宿へ行く

例2）A：日曜日に何をしましたか。
　　　B：おすし屋さんへ行きました。
　　　A：どうでしたか。
　　　B：おいしくありませんでした。
　　　A：そうですか…。

おすし屋さんへ行く

4．海へ行く

5．ダンスを見る

6．バスケットボールをする

110

文型

5　少し疲れましたが、楽しかったです。

ホテルの部屋は　静かでした　が、　狭かったです　。

1）ワン：私は毎日テレビを見ますが、あまりわかりません。

2）私の部屋は古いですが、広いです。

3）昨日、図書館へ行きましたが、休みでした。

4）ハワイのパイナップルは新鮮でしたが、高かったです。

5）A：先週、日光へ行きました。

　　B：どうでしたか。

　　A：ちょっと遠かったですが、きれいな所でした。

練習b　例のように言いましょう。

例1）新しい部屋／きれいです／狭いです

　　A：新しい部屋はどうですか。

　　B：きれいですが、狭いです。

1. 学校の食堂／安いです／メニューが少ないです

2. 新しいアパート／駅から近いです／ちょっとうるさいです

例2）ハワイのホテル／きれいです／狭いです

　　A：ハワイのホテルはどうでしたか。

　　B：きれいでしたが、狭かったです。

3. ハワイの海／きれいです／人が多いです

4. 昨日のパーティー／楽しいです／疲れます

5. 先週のテスト／難しいです／全部書きます

6　昼はちょっと暑かったですが、

　　朝と夜はあまり暑くありませんでした。

を	→	は		へ	→	へは
が	→	は		に	→	には
□	→	は		で	→	では

1）　吉田：アルンさんはよく新聞を読みますか。

　　アルン：国の新聞は読みますが、日本の新聞は読みません。

2）　田中：ラフルさんは日本料理が好きですか。

　　ラフル：てんぷらは好きですが、おすしやさしみは好きじゃありません。

3）　A：よく料理をしますか。

　　B：前はよくしましたが、今はあまりしません。

4）　A：よく海や山へ行きますか。

　　B：海へはよく行きますが、山へは行きません。

5）　原：スポーツをしますか。

　　ワン：国ではよくしましたが、日本ではぜんぜんしません。

練習C　絵を見て例のように言いましょう。

例)

A：よく新聞を読みますか。

B：国の新聞は読みますが、
　　日本の新聞は読みません。

国の新聞／読みます／日本の新聞／読みません

よくお酒を飲みますか。

1．ビール／飲みます／日本酒／飲みません

よく新宿や渋谷へ行きますか。

2．新宿／行きます／渋谷／行きません

よく映画を見ますか。

3．国／見ました／日本／見ません

2 安くておいしかったです。

伊藤記者：食べ物はどうでしたか。

女の人：おいしかったです。

伊藤記者：何がおいしかったですか。

女の人：パイナップルが安くておいしかったです。

男の人：魚も新鮮でおいしかったです。
肉はあまり食べませんでしたが、魚はたくさん食べました。

伊藤記者：おみやげを買いましたか。

女の人：はい、チョコレートを買いました。

男の人：Tシャツも買いました。

伊藤記者：どうもありがとうございました。
成田空港から報告しました。

7　パイナップルは安くておいしかったです。

パイナップルは　新鮮でおいしかったです　。

1）駅前のスーパーは新しくて大きいです。
2）成田空港は遠くて不便です。
3）（マリーの部屋で）

　　　リー：マリーさんの部屋は、駅から近くて便利ですね。

　　マリー：ええ。リーさんの部屋はどんな部屋ですか。

　　　リー：私の部屋は静かで広いです。

4）A：先週、江ノ島へ行きました。
　　B：江ノ島ですか。どうでしたか。
　　A：海が青くてきれいでしたよ。
5）A：昨日の夜のパーティー、どうでしたか。
　　B：にぎやかで楽しかったですよ。

練習d　例のように言いましょう。

例1）学校の食堂／安いです／おいしいです
　　　A：学校の食堂はどうですか。
　　　B：安くておいしいです。

1. 新しい学校／駅から遠いです／不便です
2. 新しいアパート／きれいです／広いです

例2）ハワイのパイナップル／安いです／おいしいです

    A：ハワイのパイナップルはどうでしたか。

    B：安くておいしかったです。

3．昨日のパーティー／人が少ないです／あまり楽しくありません

4．ハワイのホテル／静かです／きれいです

文型

8　魚も新鮮でおいしかったです。

は	→	も	へ	→	へも
を	→	も	に	→	にも
が	→	も	で	→	でも
□	→	も			

1）A：その花は何ですか。

    B：これはハイビスカスです。

    A：それもハイビスカスですか。

    B：ええ、これもハイビスカスです。

2）A：ハワイで何を食べましたか。

    B：新鮮な魚を食べました。肉も食べました。

    A：そうですか。どこがよかったですか。

    B：海がきれいでした。山もとてもよかったです。

3）リー：中国のどこへ行きましたか。

    幸子：上海へ行きました。それから、北京へも行きました。

4）   学生：郵便局はどこにありますか。

    教務の人：学校の前にあります。駅のそばにもありますよ。

5）A：いつもどこで勉強しますか。

    B：図書館で勉強します。うちでも勉強します。

言葉（ことば）

CD-86

ニュースキャスター		뉴스 캐스터
こどものひ	子供の日	어린이 날
ゴールデンウィーク		골든 위크(황금연휴)
おわる	終わる	끝나다
やく(5万人)	約	약(5만명)
(ご まん)にん	(5万)人	(5만)명
ひと	人	사람
きこくする	帰国する	귀국하다
なりたくうこう	成田空港	나리타 공항
いとう[人名]	伊藤	이토(인명)
きしゃ	記者	기자
ほうこくする	報告する	보고하다
おんなのひと	女の人	여자
いらっしゃる[行く]		가시다
ハワイ		하와이
(じゅ ういち)にちかん	(11)日間	(11)일간
(い っ)しゅうかん	(1)週間	(1)주일
りょこう	旅行	여행
どう(でしたか。)		어땠습니까?
すこし	少し	조금
つかれる	疲れる	지치다, 피로해지다
たのしい	楽しい	즐겁다
てんき	天気	날씨
まいにち	毎日	매일, 날마다
とても		매우, 몹시
いい		좋다
ちょっと		조금, 약간
いつごろ		언제쯤
よやくする	予約する	예약하다
よやく	予約	예약
(さ ん)かげつ	(3)か月	(3)개월
(さ んかげつ)まえ	(3か月)前	(3개월)전
たいへん	大変	힘듦
どのぐらい		얼마나
はんとし	半年	반년
(さ ん)じかん	(3)時間	(3)시간
とうきょう	東京	도쿄
パーティー		파티
にぎやか		번화함, 북적임
やまのうえこうえん	山の上公園	야마노우에 공원
すしや	すし屋	초밥집
お(すし)やさん	お(すし)屋さん	초밥집 (すし屋의 정중한 표현)
しんせつ	親切	친절함
うみ	海	바다
ダンス		댄스, 춤
バスケットボール		농구
バスケットボール(を)する		농구(를)하다
パイナップル		파인애플
しんせん	新鮮	신선함
にっこう	日光	닛코
とおい	遠い	멀다
ところ	所	곳, 장소
メニュー		메뉴
すくない	少ない	적다
アパート		아파트
ちかい	近い	가깝다
むずかしい	難しい	어렵다
ぜんぶ	全部	전부
にほんりょうり	日本料理	일본요리
さしみ		회
まえ[以前]	前	전[이전]
いま[最近]	今	요즘
やま	山	산
にほんしゅ	日本酒	일본술
たべもの	食べ物	음식
にく	肉	고기
さかな	魚	생선
たくさん		많이
みやげ／おみやげ		선물
チョコレート		초콜릿
ふべん	不便	불편함

□ べ￬んり	便利	편리함
□ え￪のしま	江ノ島	에노시마
□ ハ￪イビ￬スカス		하이비스커스
□ ちゅ￬うごく	中国	중국
□ シャ￬ンハイ	上海	상해
□ ペ￬キン	北京	북경
□ きょ￬うむ	教務	교무

【いろいろな表現】

□ どうでしたか。	어땠습니까?
□ よかったですね。	다행이군요, 좋았었겠군요.
□ そうですか…。	그렇습니까.

説明をよく聞いてください。

せつめい　き

本文
ほん ぶん

1　説明をよく聞いてください。
せつめい　き

CD- 87~

（教室で）
きょうしつ

先生：みなさんはよく本を読みますか。
せんせい　　　　　　　　　ほん　よ

学生：はい。
がくせい

先生：どんな本を読みますか。
せんせい　　ほん　よ

ワン：私はファッションの本をよく読みます。
　　　わたし　　　　　　　　　ほん　　　よ

ラフル：私はコンピューターの本を読みます。
　　　　わたし　　　　　　　　ほん　よ

先生：そうですか。今日は、これから学校の図書館へ行きます。
せんせい　　　　　きょう　　　　　　がっこう　としょかん　い

　　　図書館の人の説明をよく聞いてください。
　　　としょかん　ひと　せつめい　　き

学生：はい。
がくせい

先生：みなさん、学生証を持って行ってください。
せんせい　　　　　がくせいしょう　も　　い

　　　それから、図書館の中で、大きい声で話してはいけません。
　　　　　　　　としょかん　なか　　おお　こえ　はな

学生：はい。
がくせい

ワン：あのう、飲み物を持って行ってもいいですか。
　　　　　　　の　もの　も　　い

先生：ええ、いいですよ。でも、かばんの中に入れてください。
せんせい　　　　　　　　　　　　　　なか　い

1　動詞　て形

グループ1

~う ┐
~つ ├ → ~って
~る ┘

かう → かって
もつ → もって
かえる → かえって

~ぶ ┐
~む ├ → ~んで
~ぬ ┘

よぶ → よんで
のむ → のんで
しぬ → しんで

~す → ~して

はなす → はなして

~く → ~いて

きく → きいて
※いく → いって

~ぐ → ~いで

さわぐ → さわいで

グループ2

~る → ~て

みる → みて
たべる → たべて

グループ3

くる → きて
する → して

2　よく聞いてください。

1）先生：ラフルさん、教科書を読んでください。
2）警察官：ここに住所と名前と電話番号を書いてください。

　　ラフル：はい。

3）学生：先生、すみません、もう一度言ってください。

4）A：すみません、消しゴムを貸してください。

　　B：はい、どうぞ。

練習a　絵を見て例のように言いましょう。　　　　　　　　　　　　　　　文型 2

例）すみません、名前を書いてください。

名前を書く

1．手伝う

2．ボールペンを貸す

3．砂糖を取る

4．写真を撮る

3　大きい声で話<u>してはいけません</u>。

1）先生：教室でたばこを吸ってはいけません。

2）（教室で）
　　先生：テストは9時からです。遅れてはいけません。

3）ここで泳いではいけません。

練習b　絵を見て例のように言いましょう。

例）図書館でたばこを吸ってはいけません。

図書館でたばこを吸う

1．図書館で飲み物を飲む

2．テストの時、話す

3．夜、騒ぐ

4．ここで写真を撮る

5．ここで携帯電話を使う

文型（ぶんけい）

4　飲（の）み物（もの）を持（も）って行（い）ってもいいですか。

1）（学生会館（がくせいかいかん）で）
　学生（がくせい）：朝（あさ）、シャワーを使（つか）ってもいいですか。
　先生（せんせい）：ええ、使（つか）ってもいいですよ。

2）学生（がくせい）：作文（さくぶん）のテストの時（とき）、辞書（じしょ）を使（つか）ってもいいですか。
　先生（せんせい）：いいえ、使（つか）ってはいけません。

3）A：窓（まど）を開（あ）けてもいいですか。
　B：ええ、どうぞ。

4）A：ここに座（すわ）ってもいいですか。
　B：あのう、ここはちょっと…。

練習（れんしゅう）c　絵（え）を見（み）て例（れい）のように言（い）いましょう。

例（れい））（図書館（としょかん）で）
A：この雑誌（ざっし）を借（か）りてもいいですか。
B：ええ、いいですよ。

この雑誌（ざっし）を借（か）りる

1．教室（きょうしつ）で昼（ひる）ごはんを食（た）べる

2．写真（しゃしん）を撮（と）る

3．放課後（ほうかご）、学校（がっこう）のパソコンを使（つか）う

2　本の探し方を説明します。

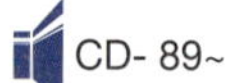

（図書館で）

図書館員：これから本の探し方を説明します。よく聞いてください。

学生：はい。

図書館員：まず、ここに本の名前を入れて、ここを押してください。

ラフル：すみません、どこを押しますか。

図書館員：ここです。

ラフル：ああ、わかりました。

　　　　　ありがとうございます。

（本棚の前で）

キム：ワンさん、本を取りましょうか。

ワン：すみません。お願いします。

キム：はい、どうぞ。

ワン：ありがとうございます。

文型

5 本の探し方を説明します。

使う　　　　　使います　→　使い方

手紙を書きます　　　　　→　手紙の書き方

1) 先生：これから、手紙の書き方を説明します。
2) 昨日、コンピューターの使い方を勉強しました。
3) すみません、この漢字の読み方を教えてください。

練習 d　絵を見て例のように言いましょう。　　　文型 5

例) すみません、この漢字の読み方を教えてください。

この漢字／読む

1. この漢字／書く

2. コピー機／使う

3. この料理／作る

6 本の名前を入れて、ここを押してください。

1) キャッシュカードを入れて、暗証番号を押してください。

2) 映画を見て、晩ごはんを食べて、9時にうちへ帰りました。

3) A：昨日、何をしましたか。

　　B：図書館へ行って、本を借りました。

練習 e 　絵を見て例のように言いましょう。

例）まず、キャッシュカードを入れて、暗証番号を押します。

　　それから、金額を押します。

キャッシュカードを入れる　　暗証番号を押す　　金額を押す

1. プリントを置く　　ふたをする　　ボタンを押す

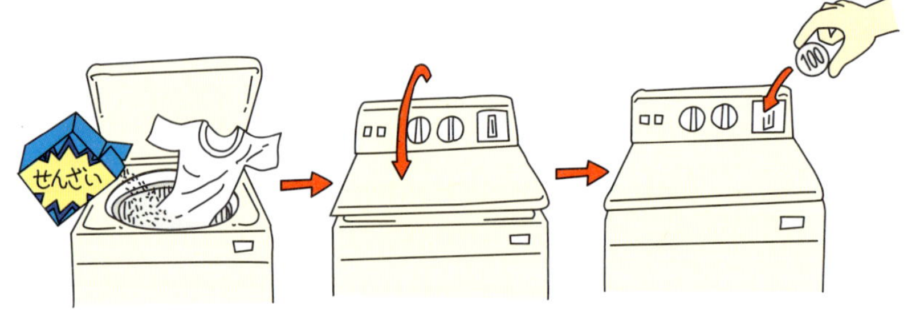

2. 洗濯物と洗剤を入れる　　ふたをする　　お金を入れる

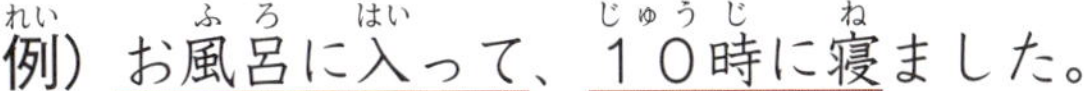

練習 f（れんしゅう）　絵を見て例のように言いましょう。（えをみてれいのようにいいましょう）

例）お風呂に入って、10時に寝ました。（れい　おふろにはいって、じゅうじにねました）

お風呂（ふろ）　　　　10時（じゅうじ）

1．テレビ　　　　晩ごはん（ばん）

2．買い物（かもの）　　　　うち

3．7時（しちじ）　　　新聞（しんぶん）　　　会社（かいしゃ）

練習9 絵を見て例のように言いましょう。

例）レストランへ行って、晩ごはんを食べました。

レストラン／晩ごはん

1．図書館／本

2．うち／手紙

3．デパート／ハンドバッグ

文型

7 本を取りましょうか。

1）A：持ちましょうか。

　　B：すみません。お願いします。

2）A：取りましょうか。

　　B：ありがとうございます。

練習 h 絵を見て例のように言いましょう。

例) A：持ちましょうか。
　　B：すみません。お願いします。

持つ

1. 手伝う

2. 取る

3. いっしょに捜す

4. 地図をかく

２４日までに返してください。

（図書館のカウンターで）

ワン：この本をお願いします。

図書館員：はい。　２４日までに返してください。

ワン：はい、わかりました。

（図書館の前で）

ワン：ラフルさんは何か借りましたか。

ラフル：いいえ、何も借りませんでした。

　　　　ワンさんは何か借りましたか。

ワン：はい、日本の着物の本を借りました。

　　　これです。

ラフル：ああ、きれいな着物ですね。

ワン：そうですね。

文型

8 ２４日までに返してください。

1）（学生会館で）
　　先生：これから、学生会館の規則を説明します。
　　　　　門限は１１時です。１１時までに帰って来てください。
2）学生：すみません、この本を借りてもいいですか。
　　先生：ええ。でも、来週の月曜日までに返してください。

※　９時から３時まで学校で勉強をします。（第２課本文１）

文型

9 Ａ：何か借りましたか。

　　　Ｂ：｛ はい、着物の本を借りました。
　　　　　 いいえ、何も借りませんでした。

　　　Ａ：昨日、どこかへ行きましたか。

　　　Ｂ：｛ はい、渋谷へ行きました。
　　　　　 いいえ、どこへも行きませんでした。

　　　Ａ：財布は（どこかに）ありましたか。

　　　Ｂ：｛ はい、うちにありました。
　　　　　 いいえ、どこにもありませんでした。

1）Ａ：朝、何か食べましたか。
　　Ｂ：いいえ、何も食べませんでした。

２）A：日曜日にどこかへ行きますか。

　　B：はい、友達のうちへ行きます。

３）A：携帯電話はありましたか。

　　B：いいえ、どこにもありませんでした。

練習 i　例のように言いましょう。

例１）今朝／食べる／サンドイッチ

　　A：今朝、 何か 食べましたか。

　　B：はい、サンドイッチを食べました。

1. 今朝／食べる／サラダ
2. 土曜日に／行く／原宿

例２）ゆうべ／行く

　　A：ゆうべ、 どこかへ 行きましたか。

　　B：いいえ、 どこへも 行きませんでした。

3. 日曜日に／行く
4. 昨日、デパートで／買う

練習 j　例のように言いましょう。

例）昨日／公園／サッカーをする／楽しい

　　A：昨日、どこかへ行きましたか。

　　B：はい、公園へ行って、サッカーをしました。

　　A：そうですか。どうでしたか。

　　B：とても楽しかったです。

1. 日曜日に／渋谷／映画を見る／おもしろい
2. 昨日の夜／横浜／晩ごはんを食べる／おいしい
3. 土曜日に／友達のうち／ゲームをする／楽しい

☆友達と話しましょう。

<ruby>言<rt>こと</rt>葉<rt>ば</rt></ruby>

CD- 95

□ ファッション		패션
□ コンピューター		컴퓨터
□ これから		이제부터, 앞으로
□ せつめい	説明	설명
□ よく(聞いてください。)		잘(들어 주세요)
□ がくせいしょう	学生証	학생증
□ もっていく	持って行く	가지고 가다
□ それから [追加]		그리고, 또[추가]
□ こえ	声	목소리
□ はなす	話す	이야기하다
□ のみもの	飲み物	마실 것, 음료
□ (かばんに)いれる	入れる	(가방에)넣다
□ もつ	持つ	들다, 가지다
□ よぶ	呼ぶ	부르다
□ しぬ	死ぬ	죽다
□ さわぐ	騒ぐ	떠들다
□ もういちど	もう一度	한 번 더
□ いう	言う	말하다
□ てつだう	手伝う	돕다
□ さとう	砂糖	설탕
□ (砂糖を)とる	取る	(설탕을)집다
□ しゃしん	写真	사진
□ (写真を)とる	撮る	(사진을)찍다
□ おくれる	遅れる	늦다
□ およぐ	泳ぐ	헤엄치다
□ (テストの)とき	時	(시험)때
□ つかう	使う	사용하다
□ シャワー		샤워
□ あける	開ける	열다
□ すわる	座る	앉다
□ ざっし	雑誌	잡지
□ ほうかご	放課後	방과 후
□ としょかんいん	図書館員	도서관원
□ さがす	探す	찾다
□ (さがし)かた	方	(찾는)법
□ せつめいする	説明する	설명하다
□ まず		우선

□ (名前を)いれる	入れる	(이름을)넣다
□ おす	押す	누르다
□ ほんだな	本棚	책장
□ おねがいする	お願いする	부탁하다
□ おしえる	教える	가르치다
□ コピーき	コピー機	복사기
□ つくる	作る	만들다
□ あんしょうばんごう	暗証番号	비밀번호
□ きんがく	金額	금액
□ プリント		프린트
□ おく	置く	두다
□ ふた		뚜껑
□ (ふたを)する		(뚜껑을)덮다
□ ボタン(を押す)		버튼(을 누르다)
□ せんたくもの	洗濯物	빨랫감
□ せんざい	洗剤	세제
□ ふろ／おふろ	(お)風呂	목욕, 욕조
□ (お風呂に)はいる	入る	목욕하다
□ ハンドバッグ		핸드백
□ いっしょに		함께, 같이
□ ちず	地図	지도
□ カウンター		카운터
□ なにか	何か	뭔가
□ きもの	着物	기모노
□ きそく	規則	규칙
□ かえってくる	帰って来る	돌아오다
□ もんげん	門限	통금
□ どこか		어딘가
□ おもしろい		재미있다
□ よこはま	横浜	요코하마
□ ゲーム		게임
□ ゲーム(を)する		게임(을)하다

【いろいろな<ruby>表現<rt>ひょうげん</rt>】】

□ みなさん、	여러분,
□ ここはちょっと…。	여기는 좀…
□ お<ruby>願<rt>ねが</rt>いします。	부탁합니다.

文化 日本語 ①

Bunka

All new 개정판

課 (과)	動詞 (동사)		
	グループ1 (1그룹)		グループ2 (2그룹)
1			
2	行く 書く 吸う 読む	帰る 聞く 飲む	起きる 食べる 寝る 見る
4			
5	ある		いる
6	(絵を) かく		
7	(財布を) 落とす 返す 捜す	買う 貸す わかる	借りる 忘れる

グループ3 (3그룹)	形容詞 (형용사)		
	い形容詞 (い형용사)		な形容詞 (な형용사)
来る			
サッカー(を)する 仕事(を)する する テニス(を)する 勉強(を)する			
	青い 明るい 暑い 大きい 黄色い 暗い 寒い 狭い 小さい 広い 短い	赤い 新しい うるさい かわいい 汚い 黒い 白い 高い 長い 古い 安い	きれい 元気 静か
買い物(を)する スポーツ(を)する 料理(を)する	おいしい		嫌い 好き 大好き
洗濯(を)する そうじ(を)する 連絡する	四角い	丸い	上手 だいじょうぶ

課 (과)	動詞 (동사)	
	グループ1 (1그룹)	グループ2 (2그룹)
8	いらっしゃる[行く]　　終わる	疲れる
9	言う　　　　　　　　置く (ボタンを) 押す　　泳ぐ 探す　　　　　　　　騒ぐ 死ぬ　　　　　　　　座る 使う　　　　　　　　作る 手伝う　　　　　　　(砂糖を) 取る (写真を) 撮る　　　(お風呂に) 入る 話す　　　　　　　　持つ 持って行く　　　　　呼ぶ	開ける (かばんに) 入れる (名前を) 入れる 遅れる 教える

グループ3 (3그룹)	形容詞 (형용사)	
	い形容詞 (い형용사)	な形容詞 (な형용사)
帰国する バスケットボール(を)する 報告する 予約する	いい　　　少ない 楽しい　　近い 遠い　　　難しい	親切 新鮮 大変 にぎやか 不便 便利
お願いする 帰って来る ゲーム(を)する (ふたを)する 説明する	おもしろい	

조수사표 　기간

	〜時間	〜日（間）	〜週間	〜か月	〜年
1	いちじかん	いちにち	いっしゅうかん	いっかげつ	いちねん
2	にじかん	ふつか（かん）	にしゅうかん	にかげつ	にねん
3	さんじかん	みっか（かん）	さんしゅうかん	さんかげつ	さんねん
4	よじかん	よっか（かん）	よんしゅうかん	よんかげつ	よねん
5	ごじかん	いつか（かん）	ごしゅうかん	ごかげつ	ごねん
6	ろくじかん	むいか（かん）	ろくしゅうかん	ろっかげつ　はんとし	ろくねん
7	しちじかん　ななじかん	なのか（かん）	ななしゅうかん	ななかげつ	しちねん　ななねん
8	はちじかん	ようか（かん）	はっしゅうかん	はちかげつ	はちねん
9	くじかん	ここのか（かん）	きゅうしゅうかん	きゅうかげつ	きゅうねん
10	じゅうじかん	とおか（かん）	じっしゅうかん　じゅっしゅうかん	じっかげつ　じゅっかげつ	じゅうねん
?	なんじかん	なんにち（かん）	なんしゅうかん	なんかげつ	なんねん

いっかげつ＝ひとつき
にかげつ＝ふたつき

조수사표 그 외 조수사①

	a. 月（がつ）	b. 時（じ）	c. 番（ばん）	d. 円（えん）	e. キロ	f. 歳（さい）
1	いちがつ	いちじ	いちばん	いちえん	いちキロ	いっさい
2	にがつ	にじ	にばん	にえん	にキロ	にさい
3	さんがつ	さんじ	さんばん	さんえん	さんキロ	さんさい
4	しがつ	よじ	よんばん	よえん	よんキロ	よんさい
5	ごがつ	ごじ	ごばん	ごえん	ごキロ	ごさい
6	ろくがつ	ろくじ	ろくばん	ろくえん	ろっキロ	ろくさい
7	しちがつ	しちじ	ななばん	ななえん	しちキロ / ななキロ	ななさい
8	はちがつ	はちじ	はちばん	はちえん	はちキロ	はっさい
9	くがつ	くじ	きゅうばん	きゅうえん	きゅうキロ	きゅうさい
10	じゅうがつ	じゅうじ	じゅうばん	じゅうえん	じっキロ / じゅっキロ	じっさい / じゅっさい
?	なんがつ	なんじ	なんばん	なんえん	なんキロ	なんさい
그 외 조수사		時間目（じかんめ）	号（ごう） 畳（じょう） 枚（まい） 度（ど） 名（めい） 便（びん） 錠（じょう） --- グラム（g） メートル（m） ミリ（mm）		組（くみ） --- パーセント（%） シーシー（cc） キロ（km）	種類（しゅるい） 冊（さつ） --- センチ（cm） ページ
주의					6（ろく）パーセント 6（ろく）シーシー	20歳（はたち）

	g. 回 (かい)	h. 分 (ふん)	i. 本 (ほん)	j. 個 (こ)	つ	k. 人 (にん)
1	いっかい	いっぷん	いっぽん	いっこ	ひとつ	ひとり
2	にかい	にふん	にほん	にこ	ふたつ	ふたり
3	さんかい	さんぷん	さんぼん	さんこ	みっつ	さんにん
4	よんかい	よんぷん	よんほん	よんこ	よっつ	よにん
5	ごかい	ごふん	ごほん	ごこ	いつつ	ごにん
6	ろっかい	ろっぷん	ろっぽん	ろっこ	むっつ	ろくにん
7	ななかい	ななふん	ななほん	ななこ	ななつ	しちにん ななにん
8	はっかい	はっぷん	はっぽん	はっこ	やっつ	はちにん
9	きゅうかい	きゅうふん	きゅうほん	きゅうこ	ここのつ	きゅうにん
10	じっかい じゅっかい	じっぷん じゅっぷん	じっぽん じゅっぽん	じっこ じゅっこ	とお	じゅうにん
?	なんかい	なんぷん	なんぼん	なんこ	いくつ	なんにん
그 외 조수사	階 (かい)　校 (こう)	泊 (はく)				
주의	3階 (さんがい)					

문형 일람

L：課

生活の言葉	1	あいさつ
	2	数
	3	買い物
	4	時間／〜月／〜日／曜日
L1	1	私 <u>は</u>ワン・シューミン<u>です</u>。
	2	・A：ワンさんは学生です<u>か</u>。　B：<u>はい</u>、学生です。 ・A：ワンさんは会社員です<u>か</u>。　B：<u>いいえ</u>、学生です。
	3	文化音楽大学<u>の</u>学生です。
	4	・A：授業は何時<u>から</u>ですか。　B：9時10分<u>から</u>です。 ・A：何時<u>まで</u>ですか。　B：2時50分<u>まで</u>です。
	5	A：休みはいつですか。　B：日曜日です。
	6	A：休みはいつですか。　B：土曜日<u>と</u>日曜日です。
L2		動詞
	1	A：何<u>を</u>飲みますか。　B：コーヒーを飲みます。
	2	A：たばこを吸いますか。 B：｛はい、吸います。 　　いいえ、吸い<u>ません</u>。
	3	A：どこ<u>へ</u>行きますか。　B：学校<u>へ</u>行きます。
	4	A：どこ<u>で</u>勉強をしますか。　B：学校<u>で</u>勉強をします。
	5	・A：<u>何時</u><u>に</u>起きますか。　B：7時半<u>に</u>起きます。 ・A：<u>いつ</u>コーヒーを飲みますか。　B：朝、飲みます。
	6	見ました。　見<u>ませんでした</u>。
L3		物の名前

L 3	1	A：ボールペンですか。 B：はい、ボールペンです。 　　いいえ、ボールペンじゃありません。シャーペンです。
	2	A：誰の教科書ですか。　B：私の教科書です。／私のです。
	3	これ／それ／あれは私の教科書です。
	4	それも私のです。
L 4		い形容詞
		な形容詞
	1	広い部屋です。　元気な子供です。
	2	A：チンさんの部屋は広いですか。 B：はい、広いです。 　　いいえ、広くありません。
	3	A：マリーさんの部屋はきれいですか。 B：はい、きれいです。 　　いいえ、きれいじゃありません。
	4	このかばん／そのかばん／あのかばんはマリーさんのです。
	5	チンさんのかばんはどれですか。
	6	A：チンさんのかばんはどれですか。　B：その黒いのです。
L 5		位置を表す言葉
	1	テーブルの上にケーキとコーヒーが あります。 車の後ろに男の子が います。
	2	駅のそばにスーパーやコンビニ（など）があります。
	3	・A：テーブルの上に何が ありますか。　B：ケーキとコーヒーが あります。 ・A：リーさんの隣に誰が いますか。　B：マリーさんが います。 ・A：箱の中に何が いますか。　B：猫が います。
	4	A：お手洗いは どこに ありますか。／どこですか。 B：お手洗いは あそこに あります。／あそこです。

L6	1	A：<u>よく</u>お酒を飲みますか。 B：はい、<u>よく</u>飲み<u>ます</u>。 　　いいえ、<u>あまり</u>飲み<u>ません</u>。 　　いいえ、<u>ぜんぜん</u>飲み<u>ません</u>。
	2	ビール<u>か</u>ワインを飲みます。
	3	私<u>は</u>コメディー<u>が</u>好きです。
	4	A：<u>どんな</u>映画が好きですか。　B：私はコメディーが好きです。
	5	映画館<u>では</u>見<u>ません</u>。うちで見ます。
	6	動詞　辞書形
	7	私はサッカーを見る<u>の</u>が好きです。
L7	1	時の言い方
	2	郵便局へ行きました。<u>それから</u>、うちへ帰りました。
	3	部屋の中を捜しました。<u>でも</u>、ありませんでした。
	4	A：どんな財布ですか。　B：<u>黒くて小さい</u>財布です。
	5	お金<u>だけ</u>です。
	6	チンさん<u>に</u>お金を借ります。　ラフルさん<u>に</u>お金を貸します。
L8	1	A：<u>何日間</u>／<u>どのぐらい</u>ですか。　B：<u>1週間</u>です。
	2	A：<u>どう</u>でしたか。 B：楽し<u>かったです</u>。 　　楽し<u>くありませんでした</u>。
	3	大変<u>でした</u>。　大変<u>じゃありませんでした</u>。
	4	いい天気<u>でした</u>。　いい天気<u>じゃありませんでした</u>。
	5	少し疲れました<u>が</u>、楽しかったです。
	6	昼<u>は</u>ちょっと暑かったです<u>が</u>、朝と夜<u>は</u>あまり暑くありませんでした。
	7	パイナップルは安<u>くて</u>おいしかったです。
	8	魚<u>も</u>新鮮でおいしかったです。

L9	1	動詞　て形
	2	よく聞いてください。
	3	大きい声で話してはいけません。
	4	飲み物を持って行ってもいいですか。
	5	本の探し方を説明します。
	6	本の名前を入れて、ここを押してください。
	7	本を取りましょうか。
	8	２４日までに返してください。
	9	・A：何か借りましたか。 　B：［はい、着物の本を借りました。 　　　いいえ、何も借りませんでした。 ・A：昨日、どこかへ行きましたか。 　B：［はい、渋谷へ行きました。 　　　いいえ、どこへも行きませんでした。 ・A：財布は（どこかに）ありましたか。 　B：［はい、うちにありました。 　　　いいえ、どこにもありませんでした。

50음 색인

초판인쇄	2013년 12월 13일
1판 8쇄	2023년 4월 20일

저자	文化外国語専門学校　日本語科
책임 편집	조은형, 무라야마토시오, 김성은
펴낸이	엄태상
콘텐츠 제작	김선웅, 장형진
마케팅	이승욱, 왕성석, 노원준, 조성민, 이선민
경영기획	조성근, 최성훈, 정다운, 김다미, 최수진, 오희연
물류	정종진, 윤덕현, 신승진, 구윤주

펴낸곳	시사일본어사(시사북스)
주소	서울시 종로구 자하문로 300 시사빌딩
주문 및 교재 문의	1588-1582
팩스	0502-989-9592
홈페이지	www.sisabooks.com
이메일	book_japanese@sisadream.com
등록일자	1977년 12월 24일
등록번호	제300-2014-92호

ISBN 978-89-402-9129-0 18730
　　　978-89-402-9128-3 18730 (set)